テキストライブラリ 心理学のポテンシャル――別巻 1

メディアから読み解く
臨床心理学

漫画・アニメを愛し、健康なこころを育む

横田 正夫 著

psychologia potentia est

サイエンス社

監修のことば

　21世紀の心理学は前世期後半の認知革命以来の大きな変換期を迎えている。その特徴は現実社会への接近および周辺の他領域との融合であろう。

　インターネットの急速な発展により，居ながらにして世界中の情報を手にすることができる現代においては，リアリティをいかに維持するかが大きな課題である。その一方で身近には未曾有な大災害が起こり，人間の手ではコントロールが困難な不測の事態に備える必要が生じてきている。インターネットは人々に全能感を与え，大災害は人々に慢性的な不安を喚起する。このような現代に生きる者には，心についての深い理解は緊急の課題といえよう。

　こうした課題の解決に心理学は大きく貢献することができる。実験心理学は，情報の獲得，処理，そして行動に至る広範な知識を提供することで，生活のリアリティについての基盤を与え，その経験の原理を理解させる。臨床心理学的知見は慢性的な不安をはじめとする，現代の心の危機についての多様な，そして精緻な対処法を教える。

　本ライブラリは，急速に変化しつつある現代社会に即応した心理学の現状を，わかりやすく大学生に伝えるための教科書が必要とされている，という思いから構想されたものである。

　本ライブラリの特長は以下のようにまとめられる。①半期の授業を意識し，コンパクトに最新の知見を含む内容をわかりやすくまとめている。②読者として初学者を想定し，初歩から専門的な内容までを示すことで，この本だけで内容が理解できるようになっている。③情報を羅列した参考書ではなく，読むことで内容が理解できる独習書になっている。④多様な心理学の領域が示す「人間観」を知ることで，実社会における人間理解も深くなるように構成されている。つまり，社会に出てからも役に立つことを意識している。

　本ライブラリが心理学教育に少しでも貢献できることを願っている。

監修者　厳島行雄
　　　　横田正夫
　　　　羽生和紀

はじめに

　漫画，アニメーション（アニメ）は多くの人に好まれている。子ども時代にほとんどの人が何らかの作品を目にしていることであろう。幼い頃に見て楽しむのが，漫画やテレビに映し出されるアニメーションであったり，小学生になって熱中するものに漫画やアニメーションがあったりする。こうした漫画やアニメーションは，われわれの潜在意識の中に潜んで行動の規範を形づくっているのではないだろうか。何かに出会うと昔読んだ漫画や見たアニメーションのエピソードが思い出されて，エピソードに描かれているように知らぬ間に考えたり行動していたりする。そのため，漫画やアニメーションについて知ることは，自分自身を知ることにつながる。好みの漫画，アニメーションの中に自分の似姿を見ているのであり，主人公に自分を仮託して自分のありようを理解しているのである。そこで，自分自身を心理的に探索するために漫画，アニメーションを読み解いてみよう。そうした自己理解を通して，明日への新たなステップを築いてゆくことができるかもしれない。

　個人的なことを取り上げて恐縮であるが，私は2014年に還暦を迎えた。私の年代は，街頭テレビから始まり，テレビが家庭に入り込んでゆく時代を生きてきている。まさにテレビアニメーションの発展とともに成長してきたといってよい。そのため，アニメーションの中に自分の生きざまを想像したりしながら成長してきており，そうした体験が自身の根幹のよりどころになっている。こうした思いが高じ，大学時代はアニメーションを作りたいと考え，日本大学芸術学部映画学科の中の映像コースに学んだ。このコースでは，アニメーションを学べるカリキュラムになっていたが，結局，アニメーション制作の方向へは進まずに，指導の先生のアドバイスもあり，映画理論の解明のために心理学を学ぶことにした。心理学の大学院に進学し，認知心理学を学ぶが，実験系での就職先はなく，運のよいことに臨床系の先生が就職先を世話してくれた。こうして病院臨床に方向転換をした。以来，統合失調症患者の認知障害を調べる

ことになり，描画を通して長期経過を探ることになった．病院臨床に進んでほぼ10年は，臨床に専念し，アニメーションについて関心をもつことはなかった．この間のアニメーションに関する知識や体験は欠落している．それが，「また戻ってくればよい」という大学時代の指導の先生の言葉が甦ったのか，それが暗示になったのか，30歳代の後半から，映像に関する研究を学会で発表するようになった．これがきっかけで，どんどんアニメーションとの関わりが深くなり，アニメーションについての研究をするようになった．この時期の私は，よくよく考えれば，中年期危機に陥っていたと理解できる．この自身の体験に続いて，アニメーション作家の中年期危機論を展開することになった．

　それから20年が経ち，そろそろ自分自身の来歴を総括したいと思うようになった．こうして執筆したのが本書である．本書では，上記のように，私の2つの来歴，つまりアニメーションと臨床を統合しようと試みている．アニメーションと臨床をそれぞれ自我の一つの側面とすれば，分離していたそれらの側面を1つにまとめたいと動機づけられたということである．

　ではどのようにまとめたいのか？

　これまでのアニメーションに関する私自身の論述は，アニメーションに描かれる内容を臨床心理学の枠組みに照らして理解しようとするものであった．もう少しわかりやすくいうと，作品に描かれている内容を，臨床心理学的に，こころの偏りとして理解しようとするものであった．作品のここには臨床心理学的に神経症的な側面が描かれている，ここには精神病的な側面が描かれている，といったようなとらえ方である．こうしたとらえ方は，作品の解釈として成り立つとは思う．その成果として，本を出版したこともあった．しかし，もう少し素直に考えてみると，アニメーションや漫画を，われわれは楽しんでいる．その楽しんでいるといった側面を的確にとらえられていたのだろうかと考えたとき，それは否と答えるしかないように思える．というのも，なぜ楽しいのか，については答えられていないからである．しかしなぜ楽しいのかについての説明がなければ，臨床心理学的な考察としては，不十分である．その説明ができなければならない．これまでの私のアニメーションの論述に欠けていた「なぜ楽しいのか」という側面を，臨床心理学的に解明したいというのが本書の目的

である。

　こうした考えに至った経緯も説明しておきたい。1つは先に述べたように還暦を迎え全体を総括したくなったということである。2つには長年行ってきた統合失調症患者の研究で，患者の個人史的な振り返りを行うと，患者の描く描画に変化がみられる。全体的に統合されるようになるときがある。こうしたときは，患者が高齢になり，家族も亡くなり，あるいは高齢化した家族の面倒をみなければならなくなったようなときなのである。患者においても，人生の曲がり角において転機が訪れ，それを乗り越えることでこころの発達がみられるようなのである。3つにはアブラハム・A・マスローの本を，読みなおしたことである。マスローの名前は心理学の教科書に必ず出てくるように非常に有名である。若い頃に読んだ記憶があるが，それをあらためて読んでみて，目から鱗が落ちるように感じた。それは私がこれまで行ってきたアニメーションに臨床的知見を当てはめるといった方法論を批判しているのであった。出来事には必ずポジティブな側面とネガティブな側面があり，それらが1つに統合されなければならないと説く。マスローによれば，私は，これまで一面のみを強調してきたことになる。それでは人間のとらえ方として偏っている。つまりネガティブな側面のみを見て，ポジティブな側面を見ていなかった。長期経過の統合失調症患者においてもこころの発達は起こっているのであり，病気の中にもポジティブなこころの動きの芽は育っている。患者に教えられたことは非常に大きなことであり，それに気づかせてくれたのがマスローの本との出会いであった。

　本書では，多くがこころの変革期について扱っている。というのも変革期にはこころの混乱が生じやすいからである。しかしその混乱は，こころの発達のために必要なことでもある。本書が，青年期という混乱が生じやすい時期に生きる人たち，そしてアニメーションや漫画を愛する人たちに，「君たちは健康なのだ」と生きる希望を与える本になっていると嬉しい。

　さてここで方法論について述べておきたい。本書では作品分析，物語分析を中心に扱っている。作品や物語には，作り手の分身といってよいほど作り手の

人柄が入り込んでいる。とすると作品分析や物語分析は作り手の心理状態の理解につながる。これは私が行っている統合失調症患者の描画を通して彼らの心理状態を知ろうとするときの方法論と同じである。その際には，描画特徴の分析ばかりでなく，同時期のカルテの記録や看護記録などを統合する。同じように，作品と作り手の関係を知ろうとするときには，描かれている内容や作品の年代ごとのテーマの変遷を追うことと同時に，その他の書き物を含めた情報を統合する。それは臨床心理学で行う患者の心理状態を探る方法と同じである。

　つまり本書に触れ，内容を理解することで，臨床心理学的なものの考えの進め方を体現できる。このことは本書で扱う対象ばかりでなくどのような対象に対しても，臨床心理学的方法を応用できることを示している。

目　次

はじめに……………………………………………………………………… i

第 1 章　「私はだあれ？」——アイデンティティへの問いかけ　1
　1.1　物　　語………………………………………………………………… 2
　1.2　変化の時期……………………………………………………………… 6
　1.3　心理的な動揺…………………………………………………………… 7
　1.4　超越的な感情体験……………………………………………………… 12
　1.5　『パーフェクトブルー』のその後…………………………………… 12

第 2 章　「私は『ちび』？」——小さい頃の私って　15
　2.1　漫画の『ちびまる子ちゃん』………………………………………… 15
　2.2　「下ネタ」……………………………………………………………… 17
　2.3　下ネタの意味…………………………………………………………… 19
　2.4　アニメーションの『ちびまる子ちゃん』…………………………… 21
　2.5　アニメーションでの特徴……………………………………………… 21
　2.6　ぐうたら道……………………………………………………………… 25
　2.7　おわりに………………………………………………………………… 25

第 3 章　「過去にこだわる私って」——成長してみて　29
　3.1　物　　語………………………………………………………………… 29
　3.2　記　　憶………………………………………………………………… 32
　3.3　前向きの力……………………………………………………………… 39
　3.4　トシオ…………………………………………………………………… 40
　3.5　まとめ…………………………………………………………………… 41

第4章 「今の私は閉じこもり？」——人に会うのが嫌　43

- 4.1　物　　語 ………………………………………………… 43
- 4.2　幽　　霊 ………………………………………………… 46
- 4.3　清　　太 ………………………………………………… 49
- 4.4　親密な大人の不在 ……………………………………… 51
- 4.5　おわりに ………………………………………………… 54

第5章 「生きるって辛い！」——でも何とかなる　57

- 5.1　物　　語 ………………………………………………… 59
- 5.2　い　く　子 ……………………………………………… 63
- 5.3　も　　も ………………………………………………… 65
- 5.4　おわりに ………………………………………………… 68

第6章 「魔法をかけられる」——精神病状態からの脱出　69

- 6.1　物　　語 ………………………………………………… 69
- 6.2　アリーテ姫 ……………………………………………… 73
- 6.3　魔法使い ………………………………………………… 77
- 6.4　停　　滞 ………………………………………………… 78
- 6.5　おわりに ………………………………………………… 79

第7章 「自分を壊してしまいたい」——自傷　81

- 7.1　はじめに ………………………………………………… 81
- 7.2　アトム誕生のエピソード ……………………………… 82
- 7.3　アトムにおけるアイデンティティの混乱 …………… 84
- 7.4　人間不信に至るまでのアトム ………………………… 87
- 7.5　分身のアトム …………………………………………… 89
- 7.6　アトムの行動特徴 ……………………………………… 91
- 7.7　おわりに ………………………………………………… 92

第 8 章　「家族っていいね」——支え　95
- 8.1　『サザエさん』の原作 …………………………………… 95
- 8.2　『サザエさん』の茶の間 ………………………………… 97
- 8.3　こころの配慮 ……………………………………………… 98
- 8.4　直面化を避ける …………………………………………… 101

第 9 章　「友だちっていいね」——皆でやれば怖くない　103
- 9.1　漫画『NARUTO-ナルト-』 …………………………… 103
- 9.2　ナルトは影 ………………………………………………… 106
- 9.3　成人期のテーマ …………………………………………… 110
- 9.4　青年期再考 ………………………………………………… 111

第 10 章　「年をとるってどういうこと」——中年　115
- 10.1　はじめに ………………………………………………… 115
- 10.2　中年期危機——チェコ手紙・チェコ日記 ………… 117
- 10.3　トルンカ ………………………………………………… 118
- 10.4　『花折り』から『旅』へ ……………………………… 119
- 10.5　アニメーション作家としてのアイデンティティの確立 … 122
- 10.6　人生は旅 ………………………………………………… 124

第 11 章　「現実が歪んで見える」——現実の生きにくさ　125
- 11.1　『マイブリッジの糸』の内容 ………………………… 125
- 11.2　日本の物語 ……………………………………………… 127
- 11.3　2つの物語の関連 ……………………………………… 128
- 11.4　百科全書 ………………………………………………… 130
- 11.5　おわりに ………………………………………………… 130

第 12 章　「私って？」——いつまでも問い直し　133

- 12.1　諸星大二郎…………………………………………………133
- 12.2　30歳頃の作品——『マッドメン』シリーズ………………134
- 12.3　40歳頃の作品——『天孫降臨』……………………………135
- 12.4　50歳頃の作品——『碁娘伝』の「第4話　基盤山」……136
- 12.5　60歳頃の作品
　　　——『夢見村にて——薫の民俗学レポート』……………137
- 12.6　ライフサイクル的変遷………………………………………138
- 12.7　20歳代の作品………………………………………………138
- 12.8　30歳代の作品………………………………………………139
- 12.9　40歳代の作品………………………………………………140
- 12.10　50歳代の作品………………………………………………141
- 12.11　まとめ………………………………………………………142

第 13 章　「現実の生きにくさ」——記憶の扱い　145

- 13.1　『デフラグ』…………………………………………………146
- 13.2　『椅子の上の男』……………………………………………148
- 13.3　『妻の手紙』…………………………………………………150
- 13.4　身体性の問題………………………………………………153

終　章　157

引用文献……………………………………………………………162

1 「私はだあれ？」
——アイデンティティへの問いかけ

　青年期における発達課題は，アイデンティティの確立といわれている。それは私とはなにものであるのかを規定する，ということである。そのときに発せられる問いの一つに「私はだあれ？」というものがあるであろう。それに答えることは大変な困難を伴う。今 敏(こんさとし)監督作品『パーフェクトブルー』はそんな問いかけに終始するアニメーションであり，アイデンティティの確立に伴う混乱をよく理解させてくれる。

　『パーフェクトブルー』は，今 敏監督の最初の長編アニメーション劇場作品である。この作品について，私は先の著書（横田，2006）で触れた。その際には，『パーフェクトブルー』で描かれる作品世界における主人公と，困難を極めた制作環境における今 敏監督自身の相似関係を強調し，監督のおかれた状況と作品の中の主人公のおかれた状況がきわめて近似することから，現実の監督と作品の主人公が，類似した発達課題を体験していたのではないか，と考えた。監督の抱えた発達課題が，そのまま主人公に仮託される，ということは心理学的な解釈としては成り立つであろうが，そうした解釈では，作品世界に触れる観客自身の体験から遠ざかるともいえよう。そこではむしろ観客自身の抱える「私はだあれ？」との問いかけに作品世界が共振すると考えるべきなのであろう。

　今 敏監督は，亡き後も人気は衰えない。とはいうものの一般の心理学の学生には馴染みが薄いと思う。そこで少し監督について紹介しておきたい。監督は『パーフェクトブルー』以後『千年女優』『東京ゴッドファーザーズ』『パプリカ』を発表した。テレビシリーズでは『妄想代理人』を発表している。いずれの作品も，主人公が，心理的に混乱した状態に陥り，現実か夢の世界か主人公自身が判然としないような世界を描き，われわれの体験する現実感は，実は脆弱なものであることを示している。臨床心理学的に考えるならば，『パーフ

ェクトブルー』ではアイデンティティの混乱状態を,『千年女優』では認知症の老女が過去を振り返る語りの中で,現実に起こったことと虚構が入り混じってしまう様を,『東京ゴッドファーザーズ』ではホームレスの3人が赤ん坊を拾って育てようと四苦八苦するうちに,自分たちの抱えている社会から外れてしまった原因に直面する様子を,『パプリカ』では他人の夢の中に入り込んでそのこころを操作する,夢による心理治療を描いていた。いずれにしてもこうした長編作品で好んで描かれたのは,現実と虚構が入り混じるということであり,われわれのこころは混乱しやすいということであった。こころの混乱を扱うのは臨床心理学の仕事でもある。

1.1 物　語

さてここで『パーフェクトブルー』の物語を紹介しておきたい。

主人公の霧越未麻はチャムというグループで活躍するアイドル歌手から役者への転向を考えている。チャムの舞台で,未麻は,ファンに向かって役者に転向すると報告する。この報告をした夜,未麻の自宅に「裏切り者」と大書したファックスが届く。そのファックスに未麻は動揺する。そんなことがあっても未麻はスタジオで役を演じる準備をする。彼女が,役者として初めて言うセリフが「あなた誰なの?」であった。このセリフを繰返し練習するとき,ふと周囲を見回し,離人感に襲われる。馴染みのないスタッフに「あなた誰なの?」と言われているようである。この演技をしようとする現場で,未麻宛の手紙を開けようとしたスタッフが,仕掛けられた爆弾の爆発で傷つくという事件が起こる。

未麻が,自分が開設したものではないパソコン上の「未麻の部屋」というブログを開くと,そこにはどちらの足を先に踏み出すかといった,未麻自身しか知らないような細かな癖を含めた詳細な日常の行動が記載されている。未麻は「あなた誰なの?」とつぶやく。未麻のスタッフは,女優としての彼女の出番を欲している。あまりにも出番が少ないので,スタッフは,汚れ役でもほしいと思う。こうして未麻に振られた役は,舞台上で観客らにレイプされるという

ショッキングなものであった．電車の中で，ドアに映った自分の姿から「私嫌だからね」と聞こえる．こころの奥底の声が本心を語ったようである．しかし現実には未麻がレイプされる場面が撮影されることになる．ここで未麻は離人感に襲われ，レイプする役の男や周囲の男たちを茫然と見ているだけとなる．このとき未麻は，大歓声の中，チャムの一員としての姿で，観客の前で両手をあげている姿を目にする．未麻はその夜，部屋に戻って泣き崩れる．本心はレイプされる役などやりたくはないのである．「だから言ったでしょう」と声が聞こえる．顔をあげた未麻の先に，鏡があり，そこにはチャムのコスチュームを身に着けた自分が映っている．そして「あれが望んだ仕事？最低！」と言いはなつのを聞き，嘲笑されるのを目にする．しかし汚れ役を演じた未麻の人気は，高まってゆく．

　ブログの「未麻の部屋」を見ていると，「あんな仕事はしたくない，助けて」と書き込まれている．それを見た未麻が「違う，これは私じゃない」とパソコン画面に向かって言うと，画面上にチャムのコスチューム姿の未麻が現れ，「あたりまえよ，これが本当の未麻だもの」と言う．汚れ役を演じた未麻は汚れてしまった，光り輝く舞台での清純なアイドルには戻れないと，バーチャル未麻は，未麻に語りかける．そして，パソコン画面から，バーチャル未麻が実体化し，未麻の目の前に出現する．そして自分が光で，未麻が影だと言いはなつ．そんなバーチャル未麻にむかって未麻は呆然と「あなた誰なの？」と問いかけるだけである．バーチャル未麻は部屋の外へ飛び出てゆき，街灯の上をスキップしながら去ってゆく．未麻はこの事態にひどく動揺する．

　こんなとき，脚本家が目を潰されて殺される事件が起こる．スタッフの運転する車の中で殺人事件が話題になる．顔を外に向けた未麻は，対向車線の車の中にバーチャル未麻を目にし，彼女が「ざまあみろ」と口を動かすのを目にする．その日は，未麻はヌード写真の撮影日であった．同時刻に，未麻のいないチャムは，デパートの屋上でステージをこなそうとしていた．「未麻の部屋」のブログに，未麻がチャムとして出演すると書かれていたことがファンの間で話題になっている．熱烈な未麻ファンもチャムのステージの現場に来ている．撮影をためらい部屋に閉じこもっている未麻の前にバーチャル未麻が出現し

「アイドルのほうがよかったでしょう」と語りかける。未麻は「あなた誰なの？」と問うと「私はアイドルよ」とバーチャル未麻は平然と答える。そして「皆が望んでいるのは」と言ってドアを開けた先は，チャムのステージ上であり，未麻ファンはステージ上にはっきりとバーチャル未麻を目にする。バーチャル未麻は「みんなありがとう」と言いながらファンの頭上を飛んでゆく。

　役者としての未麻は，自我の同一性に疑問を投げかけるような「私の知らないところでもう一人の私が勝手に」とセリフを言ったところで，相手役の俳優に「大丈夫」と肩を叩かれ，セリフが途切れる。このセリフは，まさにバーチャル未麻が勝手に振る舞っている現実を，そのまま役の中で語っているかのようである。相手の役者は「幻想が実体化するなんであり得ないもの」とセリフを続ける。未麻は雨の中常に目にしていた未麻ファンの姿を目にして驚く。雨で撮影は中止となる。時間の空いた未麻は，チャムが出演しているラジオ番組の収録現場に出かけてゆく。するとそこにバーチャル未麻がチャムの仲間に交じって座っているのを目にする。バーチャル未麻が，スタジオの廊下を走り去るのを，未麻が追いかけ，「あなた誰なの？」と問いつめる。バーチャル未麻は平然と「言ったでしょう，私が本当の未麻だって」と答え，走り去ってゆく。スタジオの外で，人々の間をすり抜けてバーチャル未麻は走り去る。未麻は必死で追いかけるが，捕まえられず，道路に飛び出てしまって，走りくるトラックのライトに目がくらむ。トラックの運転席にはいつもの未麻ファンの姿がはっきり見える。ハッとして，目覚めると，ベッドの上だった。そして晴れた日に先の場面が再度撮影され，再度「幻想が実体化するなんてあり得ないもの」とセリフが言われ，未麻はふたたび同じ未麻ファンの姿を，周囲の見物人の中に見出す。

　こうして周囲の不可解な出来事と彼女の演じなければならない役とが相乗効果を発揮したかのように，未麻には現実と夢との境が明らかでなくなってゆく。ベッドの上でハッと目覚めると同じ出来事が繰り返される。カップを割ってしまって，手から血が流れ，「この血は本物だよね」と言うほど，現実が虚弱化する。未麻の出演している番組の内容も，殺人事件を扱っており，未麻の演じている人物が，幻影を実体化させ殺人を犯していると説明される。これはまさ

1.1 物　語

に未麻の周りで起こっていることでもある．というのも，この番組を見ていた，未麻のヌード写真を撮った写真家が，目を潰されて，殺される．この殺人者は，未麻の姿をしていた．幻影が実体化された，というセリフそのままの現象がここに出現していた．

　殺人事件の犯人は，本当に，心理的に不安定になった未麻本人なのだろうか？

　ハッと目覚めた未麻は，洋服ダンスの中にある紙袋の中に血まみれの服を発見して驚き，愕然とする．そして，役者としての未麻は，役柄上でレイプされた場所で男を殺すシーンを演じる．演じようとすると，「用意，スタート」と声がかかり，そのまま意識が遠のき，ハッと目覚めるとベッドの上だった．そしてそのまま次の撮影シーンが続く．そこでは未麻は多重人格者で，別人格のときに殺人を犯していた，と説明される．そして未麻は鏡に向かって「私は女優よ」とつぶやく演技をする．そのすぐ後，同じ姿勢で，同じように「私はモデルよ」とつぶやく演技が繰り返され，「ダブル・バインド」という番組の撮影が終了したと言われ，未麻はスタッフから拍手を浴びる．未麻の体験していることが，「ダブル・バインド」という番組内でのことなのか，現実でのことなのか分からなくなる．それは見ている観客も同様である．

　この後にも殺人事件が起こり，犯人も明らかになる．その経緯はとても興味深いのだが，結末を語ってしまっては，この作品を見る楽しみがなくなってしまうので，物語についての説明はここまでにしておくことにしよう．しかし，バーチャル未麻は，現実の未麻に，結果的に滅ぼされるということだけは，知っておいてもらわないと議論が進められない．

　この作品の中で，未麻はバーチャル未麻に対して「あなたは誰？」と問いかけていた．この問いは，鏡に映った自分自身の姿に問いかけているのと同じなので，「私は誰？」と問っているのと同じである．それはアイデンティティへの問いかけである．それに対する返答は，役の上でではあるが「私は女優よ」あるいは「私はモデルよ」であった．役柄として自己を規定したのである．これに対してバーチャル未麻の答えは「本当の自分」であった．すべてが終わった後で，サングラスをかけた未麻が車に乗り込み，バックミラーに映った未麻

はサングラスを外し「私は本物だよ」とつぶやく。

1.2 変化の時期

　以上のように未麻は，職業を転向しようとする時期にいる。何かを選択するということは，何かを捨てることに等しい。捨てるものに愛着が大きければ大きいほど，捨てることへの未練は大きいであろう。そして選択するものが，自身の成功につながるかどうかの保証はない。まったくの未知数である。こうした状況で，心理的な動揺が起こるのは当然のことである。

　大学生の立場においてこの未麻の状況を考えてみたときにどのような状況に似ているであろうか。その一つは職業選択ということであろう。青年期において職業選択が大きなテーマであることは心理学の教科書が教えることでもある。就職活動を行い，就職先を選び，就職する。この活動は学生から職業人へという変化をもたらす。就職という希望に向かって行動するという点ではポジティブな側面が明らかにあろうが，その一面では面接を受け，こころがいたく傷つく，自尊心が傷つけられたと感じるといったようなネガティブな体験をすることも多いであろう。何かを選択しようとするときには，たとえば，ここであげた職業選択のように，職業を選ぶと学生という立場を捨てなければならない。もちろんそのまま学生を続けるためにあえて留年する，ないしは大学院に進学するといった選択肢もあり，実際にそのように選択をする者も存在する。いずれにしても，こうした選択の時期に，選択が適切に行えることが，精神健康の一つの指標である。大学生の職業選択は，学年が上がるにつれて切実なものとなり，同じ学年の友だちは，ほとんどみな同じ悩みを抱えることになる。したがって，同じ悩みを共有し，対処するにしても，悩みを語り合うなどすることで，比較的容易に行えるであろう。そうであったとしても，選択するのは個人であり，個々人のこころの悩みは存在する。

　もう少し年齢を下げて高校生に当てはめてみれば，大学への入学もそうした例に相当しよう。臨んだ大学に合格するかどうか，ということは職業選択と同様な意味合いをもつであろう。

さて未麻の場合である。彼女は，学生と異なり，一定のキャリアを積んだアイドル歌手としての職業を捨てて，新たな役者としての職業を選択するということを試みている。同じ芸能界であってもそこには大きな壁がある。先に述べたように歌手を捨てるということは，歌手としての未麻ファンをも捨てることになる。そのため裏切られたと感じるファンは，心理的に動揺し，歌手に戻ってほしいといった願望を強くもつがために脅迫状を送るといった振る舞いをする。こうした脅迫状が届いたという現実に，未麻は心理的に動揺する。

1.3 心理的な動揺

未麻の心理的な動揺は，バーチャル未麻が出現することと夢と現実の境が曖昧になるということによく現れている。

1.3.1 バーチャル未麻

バーチャル未麻は，現実の未麻の前に立ち現れて，彼女の目の前から立ち去ってゆく。そのときの姿はチャムのメンバーとしてのコスチュームを身に着けている。

もう一人の自分がほしいと思うのは一般的なことかもしれない。同僚のある教授は，忙しい毎日で，もう一人の自分がほしいと語った。こうした願望は馴染みのものである。漫画『鉄腕アトム』のエピソードの一つで，アトムの妹のウランが同時に2つの場所に行きたくて，体を2つに分割して，割れた部分を再生して2つの個体が出来上がる様子を描いていた（第7章参照）。片方のウランは学校に，もう片方のウランは闘技場へ行く。もう一つの体をもちたいという願望は，忙しい人が感じる実感でもあろうし，漫画ではそれがそのまま描かれていた。

もう一人の自分が存在するという現象を，心理学者の河合隼雄 (1987) は『影の現象学』という本で詳細に紹介している。人物の地面に映った影が独立した人格として活動するという物語を引用して，影の特徴を紹介し，影を殺すと本体も死んでしまうという関係性を報告している。精神医学では二重身とい

う症状が知られる。これは自分と同じ姿を見てしまう症状である。こうした影や自身の姿といった外在化されたものとしてではなく，心理的な現象に「分離」がある。心理的な負担が自己の一部分を切り離してしまって，自分のものではないかのようにしてしまう心理的な機制のことである。このようにこころが混乱すると，さまざまな症状が現れ，また心理的な機制がはたらきその混乱に対処しようとする。

　ではバーチャル未麻は，われわれが通常に感じるもう一人の自分が存在してほしいという願望の表れであろうか，それとも精神病理的な現象の，影あるいは二重身といった症状なのであろうか？　それとも分離といった心理的機制がはたらいているのであろうか？　どうもそうは思えない。

　バーチャル未麻の出現場面をよく見てみよう。バーチャル未麻は，現実の未麻の前に立ち現れ，彼女の前から立ち去ってゆく。バーチャル未麻自身が独自の意思をもっているのである。そしてこのバーチャル未麻は，チャムの舞台に出現し，チャムのメンバーのようにファンの目の前に現れる。未麻ファンが共同して，バーチャル未麻を出現させているかのようである。こうしたバーチャル未麻は，今　敏監督の後年の『妄想代理人』において，少年バットというキャラクターが，人々の共通意識の再現として表れてきているものの前駆のように思える。すなわち未麻は，歌手としての自己を，すでに独立したバーチャル未麻という実態として，つまり役者の自分とは違う自分として外在化させたのである。未麻は役者として進んでゆくことを決意している。そのため歌手としての自分は，すでに過去のものであり，未練の対象ではない。つまり発達しようとする未麻と，停滞し過去の栄光を維持しようとするバーチャル未麻という対比が成り立つ。

　では日常的な場面でバーチャル未麻に相当するものはないのであろうか。たとえば，大学を卒業するにあたって卒業アルバムを残すことは一般的なことであろう。あるいは色紙にメッセージを寄せ書きして，お世話になった先生に渡すというようなこともあるであろう。こうした行為の中には，写真としての自分の一部や個人の思いとしてのメッセージという自分の一部を外在化させて残すことにつながる。類似したことは芸術の分野でもいえるだろう。たとえば，

1.3 心理的な動揺

芸術家が自身の作品を後世に残すというときには，作品の中に自身の一部を外在化させて残していることになろう。監督の今　敏は，漫画家としてのキャリアを，『パーフェクトブルー』を制作するにあたって，完全に辞める決意をしている。漫画という自身の分身を後に残し，新たな制作現場を手にした。バーチャル未麻は，チャムの衣装を身に着けているのであるから，すでに確立したイメージとして存在している。その外在化されたものである。今　敏にとっての漫画が，未麻にとってのバーチャル未麻に相当し，すでに過去に残された作品の総体を意味し，それは作者の意図を離れて独立して存在し続けるのである。バーチャル未麻が観客の前に現れ，観客を恍惚とさせ得るのは，芸術としての作品が鑑賞者の前に立ち現れるのと同じである。

バーチャル未麻が現実の未麻に問いかけるのは，すでに完成した歌手としての未麻（一つの芸術作品，今　敏でいえば漫画）から現在進行形の役者としての未麻（制作中の『パーフェクトブルー』，あるいは今　敏でいえばアニメーション監督）に対して，「あなたは何者？　役者になったの？」と問いかけていることに相当しよう。そしてこの「あなたは何者？」という問いかけを現実の未麻が発する。未麻が自問自答し，自身のアイデンティティに確信がもてず，揺らいでいることを示している。バーチャル未麻のほうが，現実の未麻よりリアリティがあるのである。「あなたは何者？」という問いかけは，万人に共通の問いかけで，アイデンティティについての問いかけであると理解できる。

1.3.2 夢と現実の曖昧化

夢と現実の境が曖昧になることについてはどのように考えられるのであろうか。それは，役としての自分と現実の自分の境が曖昧になることと同じである。こうした状況を心理学的には現実吟味力が低下した状態とみることができる。精神病理的な状態である。

しかし，ここでは精神病理的な状態というよりは，精神健康に引き寄せて考えてみたい。そうでなければ観客が感動することの説明がつかない。精神病理だけであれば，こころのネガティブな側面を示すにすぎず，こころの成長についての示唆は得られない。

では現実の境が曖昧になるということはどう考えるべきなのであろうか。それは，それほどに未麻が役にのめり込んでいるということを示しているということである。役になりきるということは，逆に言えば，現実との境が曖昧になるということである。われわれは，長年現実が夢よりも優位であり，夢を見ていてはいけないと教育されてきており，夢を現実と同様に扱うのは臨床心理学や精神分析などの限られた一部でのことと考えているのではなかろうか。現実への適応が，最大の要請なのである。心理学でも現実への適応ということを繰返し強調してきている。しかし今　敏監督作品の教えることは，現実と夢の世界はそれほど明快に区別されるものではなく，両者は混交しやすく，そうした混交の上に現実が成り立っているということである。ではなぜそうした混交が生じるのか？　それは今　敏監督作品によれば，未麻が役柄にのめり込み，一心同体になるための一つのプロセス上で生じてきているということである。ここに役柄としての真の姿が現出し，それは現実でもあり役柄でもある。つまり自身と役柄の心理的な統合が現出する。こうした統合は，超越的な感動体験でもあるだろう。そうでなければ，この体験が，人を感動させ得る役者としての自己確立につながらないであろう。

　夢と現実の混交という体験は，未麻というキャラクターを通して，監督自身の体験を投影しているようにも思える。それは，別のところ（横田，2006）で触れたことであるが，監督自身は漫画家からアニメーション監督に転身したのが，この作品であったということである。未麻と同じ職業転向を監督自身がこの作品で成し遂げているのであり，作品を作るというプロセスと，未麻が自身のあり方を探す様相とが，全体的にパラレルになっているのであり，それは言わば監督としての現実と，夢のようなアニメーション世界が，混交するような超越的な感情体験なのである。未麻の体験は，監督のリアルな体験の再現なのであり，それは観客であるわれわれの体験し得るものでもある。超越的な感情体験に触れるがゆえに，観客が共感し，また感情体験を共有し感動する。

1.3.3　殺人事件

　物語の進行中に殺人事件が起こる。新たなアイデンティティとしての役者に

1.3 心理的な動揺

なってゆく未麻を援助する立場の者たちが殺されてゆく。この殺人事件も象徴的に考えれば未麻の受け入れられない自我の側面，要するに影が起こしている事件と考えることもできる。現実に殺人者が描かれるのではあるが，その殺人者は，チャムのメンバーとしての未麻に同一化している。その意味では，同じコスチュームを身に着けているバーチャル未麻の影とみることもできる。なんとも複雑な構図である。

バーチャル未麻が，現実の未麻が成し遂げた成果の象徴であるならば，同じコスチュームを身に着ける殺人者はその成果の模造品，紛い品としての意味合いがあろう。1つの作品が完成すると，その作品の模造品が限りなく増産されることがあり，その模造品はオリジナルの変化を許容することができない。想いが停滞し，発展の余地がない。そんな現実の象徴として，ここでの殺人事件の心理的な意味があろう。殺される人たちが目を抉られるのはきわめて象徴的である。見る，という行為が，実は禁止事項なのであった。バーチャル未麻は，彼女に想いを寄せる人たちにとっては，理想的なものであり，それゆえに発達してはいけないものである。見る楽しみの対象として観客の前に存在するだけである。であるので，役者としての未麻を描く人たちは，見てはいけないものを見ている人たちなのである。殺人者が目を抉るのは当然なのである。

しかし普通人間は成長する。人間は心身ともに成長し，変化し続ける。同じところに留まり続けることはない。ここで描かれる殺人者は，そうした変化を耐えがたいものと感じる。同じであることに執着し，少しでも変化しそうになると排除するという心性がはたらく。こうした心性は，誰のこころにも存在するかもしれない。たとえば，部屋の中を整理整頓し，常に同じ場所に同じものがないと我慢できないといった心性は，多くの者が共通してもつ。完全にコントロールしたいという心理の表れであり，そこにおいて変化はパニックを引き起こす対象以外のなにものでもない。しかし完全にコントロールすることはできないのであり，現実には，想定外の物事が起こりがちである。したがって，人間は，変化し続けるものであると理解するほうが，成長の余地を残す。ここでの殺人者は変化し続けるのが人間であるといった認識を拒否しているのである。

1.4 超越的な感情体験

　さて夢と現実の曖昧化について，そこで体験されるのが超越的感情体験であると先述した。超越的な感情体験とは耳慣れない用語である。マスロー(1998)は絶頂体験としてこの体験を記述し，精神的健康の指標として述べている。つまり今 敏監督は，超越的な感情体験を描くことで，われわれの一般社会における絶頂体験の一例を示した。現実は，超越的な感情体験を得る場なのであり，その感情を体験することで，行動が喚起される。アニメーションでは未麻は役者として振る舞い，役者になってゆく。そして役者としての自己を確立した。

　心理学では，現実に適応するということは，現実に対し客観的に振る舞い行動してゆくものだと示しているように思える。感情体験が現実にどのように絡まるのかについては言及に乏しい。アニメーション世界はそれを豊穣に示す。アニメーション世界が心理学に教え諭していることは，感情的世界が人間においては非常に豊かであり，冷静で客観的な振る舞いはむしろ少ないということである。未麻が体験したように，現実との混交が生じるような強い感情体験が，創造性を高めるのであり，現実をとらえる新たな視点を提供し，新しい方向性を，たとえば，新たな職業選択として，得てゆくためのエネルギーを付与し，新たな行動を促してゆく。

　大学生の職業選択の場面に戻って考えてみよう。もし大学生が，職業選択において超越的な感情体験を得ることで，その職業にのめり込むことができれば，その職業に生きがいを見出すこともできるであろうと，今 敏の『パーフェクトブルー』は教えているといえよう。

1.5 『パーフェクトブルー』のその後

　『パーフェクトブルー』では，バーチャル未麻が登場するのであったが，同様なもう一人の自分の登場する映画がその後作られた。その一つは『ブラック・スワン』である。この作品では，清純な白鳥は完璧に演じることのできるダ

ンサーが，邪悪な黒鳥は演じられない。しかしそのままでは主役を演じることはできない。そこで主人公は，自身の中の暗黒面を探す。そうするともう一人の自身を目にするようになる。最終的に，悪の象徴のような黒鳥を完璧に演じきり，観客から称賛の拍手を浴びる。しかし，そのとき，自身は，黒鳥のために死ぬときでもあった。白鳥と黒鳥が両方とも存在する余地は結局残されていないのである。また大ヒットした『アバター』では，主人公が眠りに入るとアバターとしての人格が目覚める。このアバターももう一人の自分であるが，この場合はアバターが邪悪な側面を描くのではなく逆に現実では不自由な足が自由に動かせる完璧な体をもつものとして，現実の不具合を補償する。そして最終的には，不具合のある人間の体ではなく完全体のアバターとして存在することが選ばれる。これらの作品の示していることは，もう一人の人格を目にするということは，そちらの人格が優位になり本来の人格が滅ぼされることにつながるということである。『パーフェクトブルー』でも同じことが描かれる。バーチャル未麻は，未麻に滅ぼされるのである。両者の共存はあり得ない。このことに対し今　敏監督は，DVDの特典映像の中で，「発達するためには，それ以前のものを殺していかなければならない」と語っていた。今監督にとっては，それまでの漫画家としてのキャリアを殺すような事態が，『パーフェクトブルー』を演出する事態であった，ということであろう。それはまた未麻が役者としてアイデンティティを確立するために必要な事態でもあった。

　しかし，日本の多くの作品の場合では，もう一人の人格が自分自身から立ち上がってくる様子が描かれるにしても結末は異なる。たとえば，アニメーション化された宮部みゆきの小説『ブレイブ　ストーリー』では，主人公ワタルの受け入れられない自我がもう一人の自分として，自己から分離して存在するようになる。ちょうど『ブラック・スワン』の黒鳥のようにそれは悪の塊であった。『ブラック・スワン』では黒鳥に白鳥が滅ぼされてしまうが，『ブレイブ・ストーリー』では悪の自分ももともと自分のこころの中にあったものなので，本来の自分がその悪の自分を受け入れ，全体として統合される。善も悪も併せもつ統合体としてのこころが描かれる。

　今　敏の最後の長編アニメーションは『パプリカ』である。この作品でも，

もう一人の自分が立ち現れる。現実の女性と，その女性が夢治療を行う際に立ち現れる若い姿の自分である。これら2つの姿の女性が，最終的には1つに統合される。2つが1つに統合されることで女性のこころの成長が遂げられ，身近にいた男性との間に恋愛関係を成立させる。こうしてみてくると，『パーフェクトブルー』では，もう一人の自分を現前させた未麻が，一つの職業選択を成し遂げるためにもう一人の自分を殺害したが，『パプリカ』では，職業人としてのキャリアを展開しながらもう一人の自分と向き合い，それを自分の一部として受け入れることでこころの成長が計られ，異性関係も結べるようになった。つまり女性のこころの成長過程が，『パーフェクトブルー』から『パプリカ』へと展開することで，描かれてきているとみることができる。こうしたこころの成長過程を目にすることで，観客に，同様にこころの成長が促されることになるのであろうか。外国の作品のように，悪は滅ぼさねばならないといった息苦しい世界が『パーフェクトブルー』には描かれていたのであったが，その後悪があっても，そういう一面も自分の一面であると受け入れるこころが描かれるようになり，そうしたこころの発達に，観客はホッとしたのではなかろうか。「私はだあれ？」との問いに，良いところも悪いところもあるけれど，それら全体が自分である，と素直に認められるようになる。

　アニメーションを見る大きな喜びの一つに，こうしたこころの表現に接せられるということがあろう。こころは二者択一的に悪の部分を切り捨ててよいものではなく，悪の部分も大切な自分の一部として，自分に統合されることで，発達してゆくものなのである。そしてこころは，常に発展し続けるものであり，停滞するものではけっしてないのである。

2 「私は『ちび』?」
——小さい頃の私って

　『ちびまる子ちゃん』は小学3年生の私を成長した私が回顧するスタイルをとっており，ちびで女の子なので「ちびまる子」というあだ名がついたと説明される（『ちびまる子ちゃん①』，集英社文庫，p.10）が，「まる」の理由については説明されない。この説明されない部分に，劣等感が潜んでいる可能性があろう。ちびで，「まる」い女の子は，ネガティブな自己イメージを示していると思われる。とはいうものの過去を回顧するという漫画のスタイルのために，読者にとって身近な失敗談として笑える愉快な話となっている。これは漫画家のアイデンティティにおいて，過去の自分と現在の自分が連続し，過去を笑ってすませられるように受け入れていることを示している。漫画家の安心した心情が，読者が安心して読めるゆとりを呼び起こし，それゆえに笑えるものとなっている。過去の自分が痛々しいままであったら，明るい漫画にはならなかったのであろうし，共感もよばなかったことであろう。当然アニメーション化された作品がヒットすることもなかったのではなかろうか。

2.1　漫画の『ちびまる子ちゃん』

　『ちびまる子ちゃん』は現在でも放映中の人気のアニメーションで，『サザエさん』と並んで放映されていることもあり，よく知られたキャラクターの一つである。原作は，さくらももこの漫画である。

　さくらももこ自身がちびまる子は自分の分身であると位置づけている。夏休みに海外旅行をさせたいと，漫画家のももことちびまる子が並んでコマに登場し，ももこが「今年の夏はこの子にもいい目をみさせてやりたいと思いましてねェ」というのを受けて，まる子は「そうだよ　なんせあんたの分身なんだからね　ひとつよろしくたのむよ」と答えている（『ちびまる子ちゃん③』，集英

16　第2章　「私は『ちび』?」——小さい頃の私って

社文庫, p.87)。第1章で述べた『パーフェクトブルー』のバーチャル未麻も未麻の分身であったが, このときのバーチャル未麻は, 未麻に滅ぼされるべき存在として立ち現れた。分身と本体は両立しなかったのである。しかし, 漫画のちびまる子は, 漫画家自身が, 分身と位置づけているのであるから, 分身と本体との間に対立はない。そのコマでは, 漫画家は右手をまる子の頭の後ろにおいて,「この子」という紹介を行っている。まる子を漫画家の本体が, 後押ししている。この分身を, さくらももこは, 21歳のときから10年間描き続けたのである。10年間描き続けるということであるから, 漫画家と分身との関係はきわめて緊密なものであると考えることができる。そして分身は小学3年生の姿なのであり,『サザエさん』と同様に, 成長しないままの小学3年生であり続けた。

　漫画では, まる子が失敗すると, その失敗を茶化すようなト書きが現れる。ト書きは, 成人した原作者の視点であり, その大人の視点から小学3年生の自分を茶化しているようなものである。たとえば, まる子がお姉ちゃんに向かって「まる子は今すぐブンチョウとあそびたいのっ　お外につれていってあげたりしたいのっ」とわがままを言うと, その横に「登校中に自分の願望を絶叫するまる子であった」といったト書きが書かれる(『ちびまる子ちゃん②』, 集英社文庫, p.72)。つまりまる子は, 上から(大人から)の視点で見られている。こうした大人の視点を感じるということは, 子どもにとって, 常のことではなかろうか。また親の立場からすれば子どもの安全に関心をもつし, さらには学校での振る舞いや学業成績に相当の関心を払うのは普通のことである。その際茶化すということは起こらないであろうが, さくらももこは分身を茶化すのであるから, そこには当然親子, あるいは大人と子どもといった対立的な構図を示しているわけではない。むしろ漫画家自身のまる子からの発達的連続が意識されている。その一つの例として, まる子が遠足に行きたくないと駄々をこねるエピソードが描かれる。まる子は「……それに……山ってさ……」「お便所ないし……」とつぶやく。これに対してト書きは「これは今でもわたしがアウトドアライフをエンジョイできない理由のひとつだ」と記す。さくらももこは自身のエッセイ集『あのころ』(1996)の「遠足ぎらい」の章で, この辺の顛

末を詳細に記述している。つまり，まる子の体験が，漫画家の今につながっている。漫画家にとって分身のまる子は，子どもの自分なのであり，今につながる体験の原点を形づくっている。

2.2 「下ネタ」

　便所がないことをアウトドアライフをエンジョイできない理由としてあげているように，漫画の内容には下ネタがよく登場する。下ネタは，『ちびまる子ちゃん』の専売特許ではない。たとえば，よく知られたミッキーマウスでも，下ネタが頻出する。最初に登場したミッキーは，パンツが脱げて，下半身が丸出しになる。しかしすぐに，パンツはけっして脱げないようになる。その代わりに，パンツが弓矢やナイフで串刺しになり，ミッキーが逆さ吊りにされたり，ミッキーのお尻めがけて火が追いかけてきたりする。ミッキーの下半身にギャグが集中する。私はかつてこれを下半身ギャグとしてまとめたことがあった（横田，1996）。この下半身ギャグは，ミッキーが，パンツ以外の衣服を身に着けるようになって，みられなくなる。

　まる子の体験する下半身エピソードは，放屁，トイレ，大便，パンツなどにかかわるものである。たとえば，居眠りしてしまったまる子を父親が抱きかかえるとまる子が放屁する。父親が「くっせぇー……」とつぶやくと，まる子は「おかあさん……」と寝ぼける。そして「損な役はいつも父にまわってくるのであった……」とト書きで父親の立場が説明される（『ちびまる子ちゃん③』，集英社文庫，p. 44）。また別のエピソードで，まる子が父親の布団に入ろうとすると臭い。それを指摘すると父親は「そりゃするさ　オレは屁の熱を利用して布団をあたためているんだからな」「冬は屁の熱に限るぞ」と理由にならないような理由を語る（『ちびまる子ちゃん⑧』，集英社文庫，p. 88）。

　トイレにかかわるエピソードも多い。まる子が年賀状をもらうエピソードがある。そのエピソードで，年賀状に書かれた文章がアップでコマに示される。そこには「休み時間にしっかりトイレに行っとかないと授業中にいつもいきたくなるんだよ」と記されている（『ちびまる子ちゃん①』，集英社文庫，p. 83）。

図画の賞状を受け取るために舞台に上がるときに尿意を催し，尿意を耐えるあまりにもじもじする。その状態をト書きが「わたしは今尿意のみの女」「全身ぼうこう人間である」と説明する。次のコマで「ドックン」「ドックン」する鼓動の擬音の横に「せっかくのひのきぶたいが顔面蒼白アヒル歩きというていたらく」「……こんな思い出ほしくない」といったト書きが書かれている（『ちびまる子ちゃん②』，集英社文庫，p. 140）。まる子は，賞状を受け取って一目散にトイレに駆けつける（このエピソードは，エッセイ集『あのころ』の「賞状をもらう話」の章でも取り上げられている）。別のところで，授業中に腹痛が始まったまる子は，耐えがたくなって，トイレに行くが，トイレが混んでいることもあり，また腹痛も治まったのでトイレを我慢してしまう。腹痛は，一時的に治まったり強まったりするものである。案の定，すぐまた腹痛が始まる。間の悪いことに，そして普通の女の子のように，一緒にトイレに行きたい親友のたまちゃんがトイレに行くまる子を目にし，連れだって行くことになる。隣のトイレにたまちゃんが入る。まる子は「どうしよう……隣のトイレにたまちゃんがいるとなるとできないよ……」とこころの中で思う。さらに「プーとピー鳴ったら　もう　たまちゃんと一生顔をあわせられない……」「せっかくのチャンスだけど……だめだ……ここはしんぼう……」と辛抱してしまう。そして何もしていないのに水だけは流す（『ちびまる子ちゃん③』，集英社文庫，p. 211）。

　まる子の下ネタは，大便に関するものもある。なかよしの集いで海に遠足に出かける。まる子は，花輪君と一緒に波の音を聞いて瞑想しようとする。が，山田君が「あっ　ウンチ踏んでたよ　アハハ」と笑うのを後ろに聞いて，まる子はそのことが頭から離れなくなる。こころの中では「山田がウンチ踏んだ　山田がウンチ踏んだ　山田のウンチ踏み　山田のウンチ　山田のウンチ　山田ウンチ　山田ウンチ」と反復するしまつ。花輪君と目が合い，瞑想できないことに共感する（『ちびまる子ちゃん⑦』，集英社文庫，p. 35）。

　パンツのエピソードもある。冬寒いので，まる子は，毛糸のパンツをはいている。親友のたまちゃんによれば，毛糸のパンツは小さい子どもがはくもの。そのように発言するたまちゃんにまる子は同調するが，現実には毛糸のパンツ

をはいているまる子は動揺してしまう。毛糸のパンツはやめようと思うが，もともと寒さに弱いし，強い意志もないので，はいて行ってしまう。そんなときに限って悪いことが重なる。健康診断である。脱衣するときまる子は「……よし　おちついて　『毛糸のパンツ大作戦』を　実行しよう　まず　上の服を脱いで……」と段取りよく行い，毛糸のパンツを衣服の一番下に隠すことに成功する（『ちびまる子ちゃん⑥』，集英社文庫，p.256）。しかし，身に着けるのに失敗し毛糸のパンツを取り落としてしまう。まる子はたまちゃんに知られるのを嫌って，そのままに捨ておいた。するとその毛糸のパンツが落とし物として全校のクラスに回されることになってしまう。結局，まる子は，それが自分の落とし物だとは言い出すことができない。

　以上のように，作者の分身のまる子は，下ネタにさんざん振り回される。その苦労話がこれでもかというほど連ねられる。

2.3　下ネタの意味

　通常，幼児期のトイレットトレーニングは厳格に行われるので，トイレにまつわる出来事は，幼児期から抑制される。小さい子どもが，ウンチを話題にするのは許されるが，成長するにつれそれを話題にすることは厳しく罰せられるようになるのが普通であろう。したがって『ちびまる子ちゃん』で下ネタがたくさん登場するのは，作者のさくらももこの抑制されてきたこころの奥底が，白日にさらされたような事態である。社会心理学で教えることは，自分の出来事を他者に開示することで，2人の間に親密な関係が作り上げられる。さくらももこの下ネタはそうした自己の開示作業の一つであるかもしれない。こんな恥ずかしい一面がある，ということを，開示することで，そうした体験をもつ読者と，親密な関係が結ばれるようになる。こんな恥ずかしいことも開示してよいのだ，と思えば，かつて親の養育によって厳しく罰せられ，こころの奥底に仕舞い込んだ下ネタが，抑制する必要のないものとしてこころ安くなる。読者にそうした抑制を外す効果があったのではなかろうか。その証拠に，『ちびまる子ちゃん』の連載が下ネタを出した後でも続いたのであり，まる子が人気

者になったのであるから，作者と読者の間に親密な関係が築かれたことになる。それは作者にとって読者に受け入れられたという大きな体験である。相互の間に受け入れられる関係が成り立つことで，もともとはまる子の個人的な体験であったものが，万人に一般的な共通体験となり，下ネタが恥ずかしいものではなくなってゆく。漫画ではまる子が作者のさくらももこの作業部屋を訪れるエピソードも描かれる。その中で，まる子は，さくらももこの洋式トイレに感動し，さらに噴水が飛び出たと温水洗浄便座に驚く（『ちびまる子ちゃん⑧』，集英社文庫，p. 161）。このことは作者とまる子の間で共有されるトイレ体験があったことを示している。

　さくらももこが10年間描き続けたのであるから，その間の心理的な成長が，まる子に投影されていることもあろう。瞑想するまる子が描かれるのもそうしたこころの成長の影響を感じる。成長するということは受け入れがたかったこころの一面を，より受け入れやすいものにする。小学3年生の恥ずかしい体験が，実は開示してもよい，誰もが体験する一般的なものになった。実際には大人になっても，腹痛や尿意で苦労するのは，子ども時代と同様である。ただこれが開示されることはなく，通常は抑制される。

　ところで漫画の場面をもう少しよくみてみよう。放屁のエピソードでは，父親がまる子の放屁を受け入れ，父親の布団の中でまる子は父親の放屁を体験する。父娘両者がお互いの屁を受け入れている。上記のように下ネタは，もともとは，こころの奥底に抑制すべきものであったが，漫画では，父娘がお互いの目の前にさらけ出している。こころの奥底が開示できるような関係ができている。つまり，こころの奥底が相互にさらけ出せるような基本的信頼関係がある。

　これに対し，便意や毛糸のパンツは親友のたまちゃんにすら隠すべきものであった。こころの奥底は，開示してよい相手と，開示してはいけないむしろ隠しておくべき相手とに明確に分けられ，それぞれに異なって処理される。このことは，こころの中に秘密をしまっておける力ができたということである。こころの中に秘密を保っておけるということは，パーソナリティの発達のためには必要なことである。

　さらに花輪君との間に下ネタをめぐり共感が成り立つ。ここでの体験は花輪

君との密やかなものであろう．こうした交流が可能であるのは，まる子が，心理的に安定しているからである．

以上のように下ネタではあるが，その背後には，非常に重要な心理的な発達が示されている．まる子の基本的信頼関係が父親との間に結ばれており，こころの奥底には親友のたまちゃんにも隠しておくべきものがあり，異性との間で共感し合えることができた．なんでも開示可能な対象の存在と，自己の内面を保っておける力と，他者と関係を結べる力は，こころの健康に必要なことである．そしてさくらももこがエッセイ集で語っているように，我慢に我慢を重ねた後の放尿は，非常な喜びが体験される．

2.4 アニメーションの『ちびまる子ちゃん』

1990年に始まったアニメーションでは，キートン山田という男性の声で，まる子の行動を批判するナレーションが聞かれる．作者の声を暗示するような女性の声ではなく，大人の男の声になったことで，より子どもを上から目線で見るような構造ができている．もともとちびまる子はさくらももこの分身であったが，それがアニメーションでは，強調されていない．

2.5 アニメーションでの特徴
2.5.1 キャラクターの特徴

漫画のキャラクターは，当初は三頭身で描かれるが，後年は二頭身になり，頭が非常に大きくなる．アニメーションのまる子は二頭身半ほどなので，漫画の初期のキャラクターと後期のキャラクターの中間の形態を保っている．ただ頭は非常に大きい．アニメーションのキャラクターの頭は，お椀に，大きめの蓋がかぶさっているような形態であり，漫画に比べれば丸みがより強調されている．正面顔のときには原作の漫画同様に鼻は描かれず，目は点で描かれるが，場合によっては白目が描かれたり，黒目の中に光の点があったりする．まる子の表情が目の表現の工夫で変化する．そしてまる子の頬にはピンクの丸が加え

られている。大きな顔が，鼻の凸面が示されないことで，平べったいことを示しながらも，全体が丸いことで，より親しみが湧くように造形されている。頬のピンクは，まる子のかわいらしさを強調する。

2.5.2 物語の特徴——願望充足と安全性

　こうしたキャラクターが演じる物語では，まる子の日常的な欲望，願望が描かれる。美味しいものを食べたい，怠けたい，楽をしたい，といった通常の子どもたちがもつ願望である。しかし，現実の子どもたちにとってそれらはいずれも親のしつけの下に抑制され，あるいは禁止される。それをまる子が平然と願望するのであるから，視聴者の子どもたちにとっては，まる子の欲望の達成は，抑制された願望の代理的な達成であろう。たとえば，こんなエピソードがある（平成25年12月1日放映「コタツが無い！」の巻）。こたつにあたってグウタラしているまる子が目に余るので，母はこたつをしまってしまう。家族の皆は大弱りになる。まる子は，布団を被って暖をとりながら漫画を読んでいる。それを見て祖父が，ももひきを買ってきて，はくと暖かいよ，とまる子に与える。はいてみると本当に暖かい。次の日，体育の授業のために着替えていると，たまちゃんにもももひきをはいているのを見られてしまう。まる子はアッとなるが，たまちゃんは「暖かそうね」と声をかける。こんなやりとりが続き，結局家族みんなの不便には代えられずこたつがまた現れる。こたつにあたるまる子は，こころの中で「勝った」と思う，といったものである。

　このエピソードでは，まる子の怠けたいという願望がそのまま表れている。それに加えて，漫画で描かれた下ネタが，ももひきに形を変えて現れてきている。下ネタは漫画では隠すべきものであったが，ここでは人に知られてもよいものに変化している。つまりこころの奥底の隠すべき事柄が，より現実的にあらわになっても安全な日常のものに変化したことを示している。しかもたまちゃんに，「暖かそうね」とポジティブな評価を得る。友だちに受け入れてもらえた。そして怠けたいまる子の願望は，母とのやりとりで，こたつにあたれるようになり，達成される。まる子は，たまちゃんに受け入れられ，家族の中でも受け入れられる。

まる子の怠け心は，家族的なものである，ということも語られる。別のエピソード（平成26年2月2日放映「ヒロシ，熱を出す」の巻）で，父が熱を出して寝込んでしまう。家族は皆父を心配する。一晩寝た父は熱が下がる。しかし，熱が下がると，家のドアの不具合を直さなければならないので，体温計を操作し，熱が下がっていないかのように振る舞う。家族は，熱が高いままだと信じ，看病する。しかしまる子は，ふとしたはずみに，枕の下に薬が隠されているのを発見し，また父の額に手を当ててみると平熱であるのを知る。だましていたのを知られた父はまる子の美味しいものを食べたいといった欲望を刺激し，共謀することになる。まる子は，父が美味しいものを食べたがっていると母に訴える。2人がいざ食卓についてみると，そこには病人食が置かれている。美味しいものを食べたいというまる子の願望は，ここでは達成されなかった。母には父の仮病がばれていたのである。こうしたエピソードの中，ナレーションが，まる子の怠け心は父から伝わったものである，と語る。

以上示したようにまる子の示す怠け心は，家族に結局は受け入れられ，しかも父譲りであることが知られる。そうした父娘の怠け心は，母によって，しっかりと見守られている，という関係性が描かれる。子どもには，母親に見守られている，ということによって生ずる安心感が明確に提示されている。子どものこころの成長にとってこの安全性の確保が非常に重要なことなのである。

2.5.3 こころのつながり

こころのつながりを伝えるエピソードもある（平成25年12月8日放映「まる子の大事な手袋」の巻）。朝，学校へ出かけようとすると祖母が緑色の手袋を手渡してくれる。お爺さんのセーターを編みなおしたものと言う。学校へ行くと，丸尾がまる子の手袋と同じような緑色の手袋をしてやってくる。それを見た周りの男の子が，同じ色の手袋をからかう。丸尾は怒り出す。これに対しまる子はここでからかわれたとしても，それ以上いじめられることはない。公園でまる子とたまちゃんがバドミントンで遊んでいると，赤い小さな手編みの手袋が落ちている。拾って落とし主が現れるときのために，木の枝にかけておく。次の日，公園に行ってみると，枝にはないので，持ち主が持ち帰ったと喜

第2章 「私は『ちび』？」——小さい頃の私って

ぶが，近くに落ちているのがみつかる。今度は落ちないように手袋を枝に輪ゴムでくくりつける。しかし，次の日にはごみ箱に捨ててある。その手袋を今度は，よりしっかり枝にくくりつけて帰る。その夜は雨になり，手袋が濡れてしまうのが気になって仕方がない。公園に行ってみると，小さな男の子がやってくる。この子が赤い手袋の持ち主だった。まる子が男の子に理由を問いつめると，男の子は学校でからかわれた，と説明する。手編みなのでお母さんがこころを込めて編んだと伝えると，男の子は，実は自分が赤にしてと頼んだのだ，テレビのヒーローが赤だったからと語る。こうして母の手編みの手袋を雨で濡れているにもかかわらず手にはめる。別の日，まる子が出かけようとするときに祖母が手袋をはめるように言うと，まる子はためらいながらはめて行く。まる子が帰宅すると，祖母が，手袋を本当はしたくないのだろうと，まる子に言う。まる子は，正直に言うことができない。祖母は「いいのじゃよ」と言いながら，手袋を靴下に編みなおしてくれる。まる子は，暖かいのは手袋だけではなく，靴下も同じだと感じ，しかも祖母のこころを思いより暖かく感じる。

このように身体感覚にかかわるテーマが多いのは，子どもにとっては，身体的な保温，防寒対策が切実なものであることがあるからであろう。手袋もそうした一つである。手袋を編んでくれた祖母の善意に対し，まる子は色が好きではない。それに輪をかけて，丸尾と同じだとからかわれる。いよいよ手袋に対しネガティブな感情が高まる。物事には必ずネガティブな一面があるが，その他面はポジティブである。まる子は，手編みの手袋は，編んだ人のこころがこもっていると，年少の男の子の振る舞いによって気づく。ここでは，自分自身のネガティブな側面を，自分自身では自覚せず，他者の存在があって気づかれたことに注意すべきであろう。他者を参照することで，自身の振る舞いが反省され，祖母のこころを思い図る。祖母は，それ以上に，まる子の気持ちを察している。学校で手袋をからかわれるという現実があるが，それがいじめに発展し，まる子が孤立するということはない。祖母のように，相手のこころを察知し，それに対処する大人がいるために，からかわれたまる子のこころも傷つくことがない。

2.6 ぐうたら道

　まる子は，先に述べたようにいかに怠けるか，ぐうたらに過ごすかを常に考えているが，そんなまる子が母に「ぐうたら道」を教えるエピソードがある（平成25年5月26日放送「まる子，お母さんを教育する」の巻）。まる子は，廊下で日向ぼっこをすれば，あまりの心地よさに「極楽極楽」と感じる。そんなまる子が，忙しすぎて不機嫌になっている母に向かって，ぐうたらすることを諭す。ゆっくり座って，テレビを見てもらいたいと，まる子がお茶の準備をする。まる子が母に向かって「ぐうたら道」の心得を3つ，伝授する。その1「何事もいいかげんにやる」，その2「今やらなくてよいことはやらないこと」，その3「食べる，笑う，寝る，それだけやれば十分と思うこと」であった。これを伝授された母は，テレビの前で横になりながら，せんべいをかじっている。そんな母が準備した昼ごはんは，ご飯の上に梅干しが1つ載っているだけのものであった。そんな昼ご飯と母の姿を見て，姉は「ぐうたらなお母さんなんていや」と言い，まる子も同意する。それを聞いた母は，「じゃあ，まる子もぐうたらをやめなさい。お母さんもぐうたらなあんたをみたくないから」とまる子に言う。

　このエピソードが示すように，まる子のぐうたらは，母が忙しく世話を焼いてくれることによって支えられている。要するに，ぐうたらする，ということがまる子にそれと認識されたのは，ぐうたらでない母との対比のためである。まる子のぐうたらは，母の忙しさと対になって成り立つ。

2.7 おわりに

　漫画では，放屁，腹痛，便意を我慢するといった，下ネタにかかわる子ども時代の辛かった経験を，自分自身を分身にして描くことで，子どもならば誰しも体験するような出来事として一般化した。そのため，多くの読者の共感を得た。

　これに対しアニメーションでは，ナレーションが男性の声であることによっ

て，まる子が作者の分身としてではなく，どこにでもいる女の子としてより一般化された。そしてそんなまる子の振る舞いは，食べ物や身に着けるものに対する関心を中心にしたものであり，またまる子はぐうたらすることが好きであるといったように子どもの願望の充足が語られる。そして，そうした振る舞いが，母の手厚い世話によって，成り立っていた。家族がまる子の安全基地であり，その中では安心して退行し，赤ん坊のようにぐうたらできるのである。その安全基地を安全なものに切り盛りしているのが母なのであった。もちろんまる子の成績が悪かったり，許容の限界を超えた振る舞いは，母の怒りを呼び起こす。安全基地には，それなりのルールが現前し，そのルール内で安全が確保される。そうした中で育っているまる子が家の外に出て，手袋についての感動的体験をしたりする。安全基地から出かけることで，外に感動を見出せる。まる子のこころが素直に育つのである。

　さて，母はまる子にぐうたらを教えられ，その結果，ぐうたらなまる子の仲間にはならないとまる子に向かって宣言するのであるが，その後洗濯物を取り込んでいるときに，たまにはぐうたらするのもいいものね，まる子に知られないようにしなくちゃ，とつぶやく。表と裏の使い分けができるのも，成熟した大人の技である。母は，母親道にまさに熟達していたのである。

　ところでまる子のぐうたら道心得その3は，「食べる，笑う，寝る，それだけやれば十分と思うこと」であった。この心得は，よくよく考えれば，苦のない境地であり，大人になってこの境地に達せられれば，それは悟りの境地かもしれない。まる子のように，寝ることを「極楽極楽」と感じられるのもまた，一つの悟りの境地のようにも思える。身体を横たえ，そこで五感をすべて寛がせられれば「極楽極楽」と感じられる悟りの境地ともいえようか。しかし，こころの病が高じると，寝ていてさえ身体を緊張させ，寛がせることができない。身体へのとらわれが強くなり，まる子の下ネタのような下への関心が強くなる。以前，統合失調症患者を対象に病棟内での寛ぎ場所を調べたことがあった（横田ら，1989）。その際，寛がせる場が，身体を横たえる場ではなく，トイレと答えた者が多かったのが印象的であった。病棟内で一人になれる場としてトイレが唯一なのである。しかし本章でまる子の下ネタの検討から明らかなように，

2.7 おわりに

排便排尿を自由に行えるということは，それほどこころを寛がせるものは他にないことなのかもしれない。統合失調症患者がトイレを寛ぎ場と報告したのも納得できる。安全性の確保において重要な要因の一つにトイレがあるということなのであろう。とはいうものの，心理学でトイレがテーマになることはトイレットトレーニングを除いてほとんどなかったことではあるが。

3 「過去にこだわる私って」
——成長してみて

　『ちびまる子ちゃん』では、作者の分身がまる子であった。作者にとってまる子は、現在の自分につながりをもつ重要な思い出であった。しかしその一方で、過去の自分を受け入れられず、そのためその時代の禍根が、成長しても残るということもあるであろう。こころの問題を抱えている人は、過去のネガティブな体験に囚われ、現在を生きにくくしていることが多い。アニメーションの『おもひでぽろぽろ』の主人公岡島タエ子は、現実に不適応を起こしているわけではないが、結婚に行き遅れ気味であり、男性との付き合いにもためらいがある。この点については以前「触れ合い恐怖」として紹介したことがある（横田, 1996）。そのタエ子は、山形に行って体を動かす農作業をし、有機農業に熱心な青年との交流を重ねることによって、忘れていた過去の出来事を思い出し、過去の自分との和解を成し遂げる。このことがあって、前向きに物事を考えられるようになる。過去の自己との折り合いをつける時期が27歳のときにあったのであり、ライフサイクルの中では、青年期と同様にこの年代に、一度過去を振り返る時代があるということなのかもしれない。女性のライフサイクルを研究している岡本祐子（2007）によれば、タエ子の年代は、自身の生き方を定める時期で、結婚をするか、仕事を生きがいとして結婚しないことにするかの決断の時期である。

　ではまず『おもひでぽろぽろ』の物語をみてみたい。

3.1 物　　語

　主人公の岡島タエ子（27歳）は、10日間の夏休みをとって、山形へ出かける。上司に休みの理由を尋ねられ、失恋でもしたの？、と問われる。タエ子は田舎に憧れていた、と答え、子ども時代の記憶が蘇る。夏休みにどこかへ行き

たいと駄々をこねたことである。山形に行くにあたり，姉に，義兄の実家に伝言があるかどうかを尋ねる。そのとき，三色スミレ風呂の思い出を姉に語り，その場面を実際に思い出す。そしてパイナップルを食べたことを思い出す。タエ子は旅支度をして駅に向かい列車を待つ。駅で電車を待つ女の子を見ているうちに，作文をほめられたことについての報告を遮るように，タエ子が給食を残したことで母親が怒ったことを思い出す。夜行列車に乗り込んだタエ子は，ありありと蘇ってくる10歳の自分の記憶が現実の自分を圧倒してしまうと感じる。そして，思い出されたのは広田秀二君との出会いについてのものであった。スケベ横丁に相合傘で岡島タエ子と広田秀二の2人の名前が落書きされた。それまで名前も知らなかった広田君のことが気になり，意識するようになる。広田君が出ている野球の試合を観戦しているとき，タエ子は緊張と寒さで5回もトイレに行ってしまう。帰り道の途中で，待ち受けていた広田君と出会って，お互いに顔を赤くさせる。異性に恋心を意識したのははじめてなのであろう。車窓から外を見ていたタエ子は，実は，広田君へのほのかな恋心の記憶を，旅立つ前，自分のベッドの上で思い出し，恥ずかしくなり，枕を放り投げ，寝返りをうって，ニコニコしたそのときの自分を思い出していた。タエ子は列車の自分のベッドに戻る。誰もいなくなった廊下では小学5年生のタエ子の友だちたちが走り去ってゆく。タエ子は小学5年生の自分を連れてくるつもりはなかったと思う。しかし一度蘇った10歳のころの自分は，そう簡単には離れていってくれなかったと述懐し，ベッドに横になる。どうして小学5年生なんだろうと思い，意識が集中してゆくと，学校で，女性の生理の説明を受けたことが思い出される。そして，生理が男の子たちからからかいの種になったことを思い出す。からかいの対象になったとき，タエ子を含めた女の子たちはトイレの中で話し合う。こうした5年生の思い出が頭をよぎるのをタエ子は，サナギの時期が来て，自分を振り返ってもう一度羽ばたきなおしてごらんと，小学5年生の自分が促していると考える。そして山形までの時間を眠ろうとベッドで目を閉じる。

　朝，駅に着く。そこにトシオが待っていて，タエ子を紅花摘みの畑に連れてゆく。途中，トシオは有機農業に頑張っていることを語り，生き物のもってい

3.1 物 語

る生きる力を手助けするのが有機農業だと説明する。紅花の畑では，すでに仕事が始まっており，ばっちゃは朝陽に向かって手を合わせて拝む。紅花から紅を取る一連の作業にかかわっているタエ子。農作業にいそしみ，日常に慣れてくる。そんなとき，お世話になっている家の娘のナオ子が母親にプーマの靴をねだるのを目にする。それを目にしたタエ子には背後から声が聞こえてくる。声のほうに目を向けると，小学5年生のタエ子が食卓についているのが目に入る。タエ子は姉の持っているエナメルのバッグがほしくて仕方がなかったので，食事中，姉と諍いになってしまった。結局，わがままを言って，父親に頬を叩かれてしまった。それを聞いていたナオ子は，プーマの靴を諦めるとタエ子に言う。タエ子はトシオに蔵王へドライブに誘われ，結婚しない理由を尋ねられる。それに対し，算数の分数の割り算ができなかったことを語る。小学5年生になったタエ子の背後で，姉と母は，算数の成績が2であったことにショックを受け，ついタエ子は普通じゃない，と言ってしまう。タエ子はそれを後ろで聞いていた。どうしても割り算がいまでも分からない，というタエ子のこだわりにトシオは，自分も有機農業にもっとこだわらなくてはいけないとポジティブにとらえる。そしてトシオは自然と人間の共同作業が田舎の風景をつくっていると説明する。有機農業の手伝いをしたタエ子は，あまりの大変さに辟易し，トシオに苦情を言う。しかしその後もタエ子は，トシオから農業の手ほどきを受け続ける。あるときには，タエ子は，トシオとナオ子に向かって，小学5年生の頃の記憶を語る。日大の学生に演劇の子役を頼まれたことがあったが，父親のダメだとの一言で，子役になる夢は破れ去ってしまった。憤懣やるかたないタエ子は，母にも不平を言い続けるが，そんなタエ子は，母親に論される。最初に自分のところにきた役の話が，別の組の子が出ることになったと，羨望を交えて，母親に訴えていたとき，母親は最初にタエ子に話がきたことは言ってはいけないと禁止する。その子がこの話を聞いていたら嫌な気持ちになるでしょ，と母親はタエ子に語りかける。トシオは，この小学5年生のタエ子に同情する。2人の時代に共通した記憶の『ひょっこりひょうたん島』の歌についてトシオが語るのを聞き，タエ子は，トシオが「明日があるさ」という希望の歌として覚えていたことに好感をもつ。

山形を発つという日の前日に，ばっちゃが，タエ子にトシオと結婚してくれねえか，といきなり話し出す。それにショックを受けて，タエ子は逃げ出す。雨が降り出す。橋の上である。そんなとき，「お前とは握手してやんねえよ」と小学5年生のあべくんの声が背後からいきなり聞こえる。振り返ると小学5年生のあべくんが立っている。そこへトシオが車でやってくる。車に乗せてもらったタエ子はあべくんとの顛末をトシオに語り，そのときの後ろめたい気持ちを伝える。それに対しトシオは，別の視点を語る。あべくんが悪ぶれたのはタエ子にだけだったのだ，と。この話を聞いて，納得したタエ子は，トシオと握手したいと本気で思い，トシオのことを考え続ける。次の日電車に乗って帰るタエ子は，結局途中下車し，また後戻りする。電車の中は，小学5年生のタエ子と同級生たちで一杯である。電車から降りたタエ子は，子どもたちの作る相合傘の下で，トシオと2人で歩く。2人の乗った車を小学5年生のタエ子が見送って映画が終わる。

3.2 記　　憶

『おもひでぽろぽろ』では小学5年生の記憶が重要な役割を果たす。その記憶には大きく分けて2種類あるように思われる。つまり10歳の頃の記憶が自発的に思い出され，27歳の現在につながり，体験の連続が保たれているものと，10歳の出来事が忘れられており，思い出されないもので，10歳と27歳の現在との間に断絶があるものである。しかしこうした断絶したものが，無意識的に，現在に影響を与えていると考えるのが精神分析的な考えである。その際，影響を与えているものは，抑制された記憶に絡まる感情体験である。その感情体験が，思い出され，自分のものとして受け入れられるならば，現在のこころの問題は解決する。このことに関し監督の高畑　勲（いさお）は「演出ノート」の中で次のように語っている。

「精神の病いを治すには，まず患者の過去を掘りおこし，無意識の領域までさぐりを入れる。そして患者が自己を対象化し，自己分析をやりとげたとき，

3.2 記　憶

病は自然に癒えるという。そのために，どのようなかたちであれ，過去をふりかえるのは決して悪くない第一歩のはずだ。」

(高畑　勲・百瀬善行『おもひでぽろぽろ絵コンテ集』p. 600)

　監督が述べているように，過去を振り返ることで，癒されるものがある。

　では，現在のこころの問題は何か，といえば，それは「触れ合い恐怖」である，とかつて私は報告した（横田，1996)。つまり，ここでの「触れ合い恐怖」は，男性を避け，そして結婚を避けようとしており，そのためトシオという年下の男性と出会っても，こころを開くことができない，というものであった。

3.2.1　自発的に思い出されるもの

　ではまず自発的に思い出されるものをみてみたい。

　物語で紹介したように，上司に夏休みを伝え，旅行の準備をし，山形に行く夜行列車に乗るまでの間に，三色スミレ風呂，パイナップルを食べたこと，給食を残したことが思い出される。三色スミレ風呂の記憶は，朝のラジオ体操の記憶をも伴っていた。つまり，タエ子が思い出し始めた小学5年生の記憶は，タエ子が夏休みに山形へ出かけるということに関連し，小学5年生のときに夏休みに田舎に出かけてゆく友だちを羨み，自分もどこかへ行きたいと願望したことが思い出されたのであった。そして初めてパイナップルを食べたということとパンに挟んで嫌いなものを残して怒られたことが思い出された。つまり運動（ラジオ体操）や身体感覚（三色スミレ風呂で失神），それと食欲にからまるものであった。これらは，生理的なレベルにかかわる記憶であり，心理的な抵抗が比較的少ないものである。

　それが，夜行列車に乗って，夜になると，広田君とのほのかな恋心について思い出されるようになる。この恋心は，タエ子が，夜行列車の廊下の椅子に座って，旅に出る前に自宅のベッドの上で思い出したことを，さらに思い出しているという入れ子構造になっている。そのベッド上で，タエ子は広田君が言ったセリフを繰り返し，それに恥ずかしくなって，抱えていた枕を放り投げ，寝返りをうって，笑みを浮かべる。異性との最初の交流が計られた記憶である。

しかし、こうしたタエ子が、現在では、意中の男性はいないらしく、「触れ合い恐怖」に陥っているらしいのである。なぜだろう？

次の思い出は、タエ子が夜行列車のベッドに横たわり、意識が集中してくると、声が聞こえてくるというようにして始まる。そこでは、生理についての話を女子だけが体育館で聞いている。そして生理について男子からからかわれるようになる。

これらの記憶は、先の運動や身体感覚、食欲の記憶に比べれば、こころとのかかわりの深い記憶であろう。そのためタエ子がベッドに入っているときに思い出されている。意識を集中すれば思い出されるようなものであり、恋心のように甘い記憶であったり、生理という女性としてのアイデンティティの中核的な体験であったりする。こうした記憶を想起し、タエ子は「自分を振り返ってもう一度羽ばたいてごらん」と言われているように感じるのである。

こころとのかかわりの深い記憶が思い出されるのが夜行列車に乗るという移行のときであったこともまた象徴的である。現実から離れることで、それまで思い出さなかった記憶がリアルに蘇り、現在の自分を圧倒するように感じるのであるから、心理学的には無意識の力が強まってきているということになる。その圧倒しているような10歳の記憶が、さらに強まり、急に蘇り、現在に侵入してくるように思い出されるのが山形に行ってからのことである。山形への電車の中では小学5年生の記憶が現在を圧倒するのであったが、山形に着いてからは記憶が現在の中に交じりあってくる。

3.2.2 きっかけがあって思い出されるもの

そうした記憶想起の最初のきっかけは、ナオ子が母にプーマの靴をねだっているのを見たことであった。その直後、背後から声が聞こえ、そちらを見ると小学5年生の頃の食卓が思い出され、エナメルのバッグをほしがり、結局父に頬を叩かれたことが蘇る。ナオ子のものをほしがるという行為が、タエ子のものをほしがる記憶の引き金を引いた。体験する感情の共通性が記憶を想起させる引き金になったわけである。次に思い出されたのが分数の割り算ができなかったことである。それは蔵王に行ったときトシオになぜ結婚しないのかと問わ

3.2 記憶

れたその後であった．物語の初めに，上司から失恋と勘違いされ，母親に見合いを断ったことが語られていた．こうしたことから，タエ子には結婚への抵抗があることが知られる．そしてトシオに問われて思い出したのが，分数の割り算ができないことを姉と母から普通でないと言われ，自尊心が傷ついたことであった．つまりタエ子は，自尊心が傷ついていて，自分に自信がない．そのため結婚に前向きになれないといっているようなのである．そしてその後，トシオとナオ子と一緒のときに，彼らに向かって役者になりそこなった記憶を語る．ここでの思い出は，タエ子とトシオ，ナオ子が会話しながら，進行してゆく．一生懸命聞いてもらえているという実感が，タエ子の口を軽くした，ということもあろう．そうした中で，自分に回ってきた役を，他の人にとられてしまった悔しさを母親に汲んでもらえず，かえって諭されてしまった記憶が語られたのである．その悔しさの開示は，語りにくい記憶だった．

以上みてくると，エナメルのバッグ，分数の割り算，子役の記憶は，内容からいって徐々にこころの奥底の開示しにくい記憶とみることができる．そしてエナメルのバッグは，ナオ子の行動がきっかけ，分数の割り算はトシオによる結婚の直面化，子役はトシオとナオ子を前にして，というように他者のとのかかわりが深くなることで思い出されるように構成されている．ここでの3つの記憶は他者の存在によって刺激され，さらには他者の受け入れてくれる姿勢に守られて思い出されたものであった．

こうした記憶よりも，思い出されるために，より大きな刺激が必要だったのが，あべくんの記憶であった．

3.2.3 あべくん

山形を去る前日にばっちゃからトシオの嫁になってほしい，と語りかけられたタエ子は，家を飛び出してしまう．雨の中，橋の上で，声が聞こえ，振り返って見たのが小学5年生のあべくんであった．このあべくんは，タエ子の目の前に現れる．幻覚である．この記憶の幻覚化は，結婚話に直面し，自身の農家への憧れの欺瞞を暴かれたと感じた混乱が見させたものであった．その欺瞞は，あべくんに対して振る舞った過去の自分の行動にみられたものと同じであった．

このあべくんの記憶は，抑制され，思い出されないようにされていたものとみることができる。

　高畑監督の「演出ノート」をふたたび紐解いてみたい。高畑は次のように記している。

「成長しつつある自我は，親や学校の保護や抑制としばしばマサツを起こすが，むしろそのマサツが自我の成長をさらに促し，来るべき思春期を準備するのがふつうである。思春期こそ，自我の確立の試練の時期であり，その試練があまりに大きいため，多くの人はそれ以前の小さなマサツの経験を忘れてしまう。」

（高畑　勲・百瀬義行『おもひでぽろぽろ絵コンテ集』pp. 597-598）

　思春期にあったタエ子は，あまりに大きな試練に出合ってマサツを起こした体験を忘れてしまっていた，と理解できる。それがあべくんの出来事であった。あべくんを思い出したのは結婚話に直面した直後であった。
　そして思い出されるのが，トシオに結婚の話をされ，分数の割り算を思い出したシーンである。このときの分数の割り算の話題は，非常に唐突である。唐突である分，タエ子は結婚の話題で混乱してしまったとみることができる。さらに混乱が大きかったのが，ばっちゃに結婚話をだされたときであった。そして混乱したときにみたのがあべくんの記憶であった。このあべくんとの出来事を，ちょうどやってきたトシオに語る。そしてトシオはあべくんの振る舞いを新たな視点からとらえ直し，タエ子に返している。タエ子は混乱した状態でトシオに守られ，しかも混乱を鎮めてもらい，こうした状況下で，トシオを頼もしく思うようになった。ここでタエ子の「触れ合い恐怖」が，なくなったと理解できる。高畑が述べるように，「過去を掘りおこし，無意識の領域までさぐりを入れる」ということが成し遂げられ，無意識に閉じ込められた記憶が明るみにでて，それまでと違った視点でそれがとらえ直され，精神的健康が高められた，とみることができる。

3.2.4 記憶の階層化

　認知心理学では記憶についてさまざまに論じている。しかしここでは認知心理学の理論を参照することはしない。なぜなら，記憶が想起されない，という無意識の働きを扱うからである。記憶が無意識にとどまるのはなぜか，といえば，それは感情のもつれがあり，未解決のままになっているからである。感情のもつれがないものは，27歳のタエ子にとって，10歳の記憶を意識すれば自発的に蘇ってくる類のものであった。それらは三色スミレ風呂であり，パイナップルを初めて食べたことであり，給食を残したことであり，広田君とのほのかな恋心であり，生理であった。広田君と生理についてはベッドに入って，こころを落ち着けた状態で思い出されたものであったので，前者のものに比べれば，やや注意の集中を要するものと思われた。その意味ではこころのより深層の記憶とみることができる。

　これに対し山形に着いてから思い出されたのが，人とのかかわりにおける，うまくいかなかった記憶であった。エナメルのバッグをめぐり姉と諍い，父に頬を叩かれたこと，分数の割り算ができないで姉と母親に頭が変だと思われたこと，子役では別の子が演じるようになりその子に羨望を感じ，さらにはその話を他人にしてはいけないと母親に禁じられたことであった。これらの記憶の配列は，思い出すのがより困難なものが後にくるような順になっている。つまり抑制がより強くはたらいている記憶ほどこころの深層にあるものとして，想起が困難になる。そしてその想起のためには，他者との関係が必要であり，子役の話では，タエ子の話をトシオとナオ子が真剣に聴いているという関係の中で，やっと母親との間でのわだかまりが語られた。

　こうした対人関係に支えられて思い出される記憶は，抑制されているとはいえ，まだこころの奥底というわけではない。それらに比べさらに奥底があり，その記憶を想起するためには，それを記憶したときと同じ感情体験を現在において味わい，ショックを受ける必要があった。それがばっちゃによる結婚の直面化であり，それによって引き起こされた，タエ子の欺瞞を暴かれたとの思いであった。欺瞞を暴かれたと感じた小学5年生の経験は，あべくんの「お前とは握手してやんねえよ」のセリフに集約されていた。このあべくんが，広田君

との間でほのかな恋心をもったはずのタエ子を,「触れ合い恐怖」に陥れた。つまり広田君とあべくんの関係は光と影の関係で,影の存在は抑制され,無意識に閉じ込められていたということになる。

　感情的もつれは,小学5年生のときにそのまま停滞して残り,ほぐされることがなかった。そのもつれを解いたのが,トシオであった。タエ子の話を聴き,タエ子の解釈は一面的であり,男の振る舞いとして,別の解釈も成り立つと語りかける。そうしてあらためて思い出されるのが,あべくんが父親に連れられてやってくるところであった。あべくんはタエ子に気づいて悪びれて唾を吐くと,父親に「きたねえことするな」と殴られてしまう。アニメーション制作の設計図である絵コンテではタエ子はこのとき「罪の意識にとらえられ,悲しくなり〈ごめんねあべくん……〉と目を落とす」と記されている。タエ子は罪の意識にもとらえられていたのであった。

　こうして「お前とは握手してやんねえよ」というのはタエ子にだけ甘えて悪びれたのだといった,トシオの言ったことは正しかった,と実感される。タエ子の感情的もつれはほぐれる。タエ子は小学5年生の体験をすべて感情的に受け入れられるようになった。

　トシオは,タエ子のこころを映し出す鏡の役割を果たし,そしてまた別の側面をも映し出す役割を担っていた。そうしたトシオの存在によって過去の記憶をすべて自分のものとして受け入れることができ,過去と現在の体験が連続しているものと実感できるようになった。トシオの存在があったがためにタエ子は,感情的もつれを解くことができるようになったのである。感情的もつれは,臨床心理学で扱うこころの問題に相当し,トシオの役割はそれに対するカウンセラーの役割に対応する。ここで注目すべき点は,トシオは有機農業を営み,生物が成長するには手助けが必要だと理解しているということである。生物に含まれる人間も,同様に成長するのに手助けが必要であった。そしてその手助けは,タエ子が成長することを信じ,タエ子の言うことを前向きに聴くということで成り立っていた。トシオにはカウンセラーの役割を担う素地があったということである。

　人間には前向きの力があるが,それが何らかの形で阻害され,停滞している

者に対し，援助者の前向きの力が必要になる。前者が，ここではタエ子，後者が，トシオである。

3.3 前向きの力

ラストの場面をもう一度，先に紹介したよりも少し詳しくみてみよう。

タエ子は10日間の山形での生活を終え，東京に帰ろうと電車に乗る。帰路の車中で，小学5年生のタエ子と同級生たちが，立ち現れる。27歳のタエ子は思い立って，途中下車し，電車を乗り換え，後戻りする。その彼女の行為に従って子どもたちが後をついてゆく。駅に戻ったタエ子は電話をかける。知らせを受けたトシオは車を走らせる。タエ子はバスに乗って，途中でトシオの車とすれ違う。タエ子はバスを降り，トシオも車を止めて驚いている。そして駆け寄る。その際，ついてきていた小学5年生の同級生の一人が，トシオの足をからませるので，トシオはたたらを踏んで，タエ子の目の前に来る。こうした2人の出会いを喜んだ子どもたちは，相合傘を作って，並んだ2人の上に立て懸ける。こうして2人は車に乗って去ってゆく。子どもたちは後に残され，小学5年生のタエ子は，車を見送る。

この経過は，男性とのかかわりにおいて停滞していたタエ子のこころが，前向きに動き出したことを示しており，それを小学5年生の子どもたち一同が後押している。つまり過去の思い出が現在につながり，それが現在を後押ししている形になる。しかし，走り去る2人は過去の子どもたちを置き去りにし，連れていくわけではない。タエ子に思い出された過去は，受け入れられ，現在と親密な関係をもつ。それゆえ置き去りにされても問題はない。むしろ忘れ去られるべき時がきたともみることができる。『パーフェクトブルー』では，霧越未麻はバーチャル未麻を滅ぼさなければ先に進めなかった（職業の移行ができなかった）が，タエ子は小学5年生のタエ子を思い出し，その上で忘れ去らなければ先に進めなかった。思い出したくない記憶が，思い出されることで自分のこころを恐れさせるようなものではなく，無害なものになり，自然と忘れ去るにまかされるようになった。小学5年生の分身が，27歳の女性の前に立ち

現れ，役目を終え消えていった。こうしてもともともっていた前向きの力がはたらきだした。女性に前向きになる勇気を与えるものとして『おもひでぽろぽろ』というアニメーションが，多くの女性の共感するものとなったのはよくわかる。過去にとらわれず，前向きな力がはたらく，ということは精神的健康の一つの現れである。

3.4 トシオ

　これまでタエ子側からだけみてきたが，トシオについても論じておく必要があろう。トシオの立場をタエ子にとってのカウンセラーに相当すると述べたにしても，タエ子に対する彼の言動はカウンセラーのそれではない。

　トシオとタエ子の出会いは，タエ子の迎えに来ていたというものであるが，居眠りしてタエ子を見過ごしたトシオは慌てふためき，ひったくりと間違われる。そのトシオが紅花摘みの畑に案内する車の中で，タエ子は仕事を一生懸命やっているのかと問いかけられ，返事をためらうが，トシオは農業に一生懸命だと語る。一生懸命生き物の面倒をみると，生き物のほうも頑張ってくれると，さらに説明を加える。タエ子は，それに対してわかるような気がすると答える。タエ子はトシオの考えに共感を示す。

　蔵王でタエ子が分数の割り算について話したとき，トシオは，農業にもっとこだわらねばいけないと，自分に引き受けて語る。それに対しタエ子は，トシオが農業に夢中になっているのに感心すると伝える。蔵王から里に下りてタエ子が田舎に感心すると，トシオは田舎の風景は人間がつくったものだと説明し，自然と人間の共生を語る。それを受けてタエ子は，生まれ育ったところでもないのにふるさとと感じる理由がわかった，と感じる。

　タエ子が子役の話をした後で，トシオは子どもの頃は励ましの歌が多かったと語る。それに対しタエ子は，トシオが一日延ばしの歌を明日があると前向きに覚えていたことに好感をもつ。

　あべくんについて聞いてもらったタエ子は，トシオを年下にもかかわらず年上のように感じ，今握手してもらいたいのがトシオであると感じる。

以上のようにトシオの前向きな姿勢に共感を寄せている度合いが増し，好意が増してゆく。カール・ロジャーズ（1984）は対人関係において共感性の重要性を指摘し，共感性が個人にアイデンティティを有する価値のある存在であることを知らしめると語った。タエ子のトシオに対する共感は，トシオのアイデンティティを確固とさせる役割を担ったことであろう。つまり，タエ子に対し，自身の農業に対する熱い思いを語るトシオは，タエ子の共感を受け，その熱い思いを自身のアイデンティティにより確固としたものに組み込んだのであろう。トシオとタエ子の関係は，相互に各自のアイデンティティを強固にするはたらきをもっていた。この意味では，トシオに対しタエ子がカウンセラーのはたらきをしていたともとれる。日常での人間関係においては，こうした相互のアイデンティティを高め合う関係性が，共感性をもとにして発展するものなのであろう。

3.5 まとめ

27歳のタエ子は，結婚を選ぶか職を続けるかの移行期にある。夏休みをとって山形で10日間の農業体験をする，といった試験期間に，小学5年生のタエ子がリアルに立ち現れる。この小学5年生のタエ子は，27歳のタエ子の分身である。ちびまる子ちゃんが作者さくらももこの分身であったのと同じである。さくらももこの分身のちびまる子ちゃんは，排便排尿で悩む下ネタが多いのであり，同様にタエ子の分身も，広田君との思い出の中では緊張して5回もトイレに行き，生理の話題はトイレで語られるというように，トイレが身近なものとして存在した。こうした生理的レベルでの記憶は思い出されやすいが，感情的もつれを伴った記憶は想起されにくい。父親と母親という子どもにとって重要な他者との間の感情的もつれは，とくにそのようなもので，こころの奥底にしまっておかれる。そしてその感情的もつれが，現在の人間関係において，男性とのかかわりに臆病に振る舞わせ，結婚に遅れる要因となった。やがてその感情的もつれは，山形へ行くといったように，現実を離れ，そしてそこで生物の生きる力を信じる青年に出会うことで，解きほぐされる。その青年は，前

向きな自身の心情を語るばかりでなく，タエ子の語りを親身になって聴いてくれている。感情的もつれは一人の努力ではほぐれることはなかったのであり，他者の存在が重要であった。他者が，タエ子の感情を受け取り，それを言葉にして伝え返してくれるという作業が必要であった。この作業はまさにカウンセリングによって，こころの問題に対処することに相当する。

　トシオに対するタエ子の役割も同様に，農業に専念する彼の心情をくみとったタエ子の存在によって，彼の農業に対する想いがより堅固のものとなったと理解できる。

　対人関係における相互作用がはたらき，相互のアイデンティティの確立に，相互の存在がかかわっている。こうしたあり方に精神的健康な人間関係をみることができる。

4 「今の私は閉じこもり？」
――人に会うのが嫌

人に会うのが嫌で，閉じこもってしまったらどうなるだろうか。

悲惨な結果が待っていることを示したのが野坂昭如の小説を原作とした，高畑　勲監督のアニメーション『火垂るの墓』である。主人公清太（14歳）は，遠い親戚の未亡人に言われた一言が気にいらないで家を出てしまい，妹の節子（4歳）と人を避け，防空壕で生活するが，妹を栄養失調で亡くし，結局は自身も餓死してしまう。監督の高畑　勲は，現代の若者の生き方に警鐘を発するつもりでこの作品を作ったと語っている（高畑, 1991）。閉じこもって外に出ない，という行動は，多かれ少なかれ青年期にみられるものであり，それは自己に沈潜し，自分自身を見つめるために起こってくることでもあろう。清太の閉じこもりは，しかし空間的なものではなく，心理的なものである。節子の命を守るために，防空壕から出かけてゆき，空襲で留守になった家のものを盗み，食べ物を得る生活を行う。節子との関係性のみを維持し，それ以外の関係性を断ってしまった。社会から孤立し，社会との関係性を失ってゆき，死に至った。心理的な閉じこもりの結果，死んだのである。

では，あらためて物語をみてみよう。

4.1　物　　語

画面に清太の幽霊が現れ，自分は昭和20年9月21日夜に死んだ，と自ら語る。その幽霊は，駅の構内で，痩せこけ，無気力に，柱に背をもたせている清太を見ている。行きかう人々は，見慣れた光景か，清太には無関心のまま通り過ぎてゆき，汚がって避ける人もいる。清太はやがて横倒しになり，「節子」とつぶやきながら，死に絶える。清太の持っていたドロップ缶を清掃人が草原に投げる。缶がはねて転がると，中から骨が出てくる。そこに節子の幽霊が立

ち上がる。節子は，倒れている清太に気づき，近づこうとする。と，肩に手が当てられる。清太の幽霊であった。2人の幽霊の間には蛍が舞っている。こうしてタイトルが現れる。ドロップをなめている幽霊の2人が乗る電車が赤く染まる。清太が振り返ると，空襲で，街並みが真っ赤な炎に包まれている。清太がその光景を見つめる。

　場面は，清太の家族が元気なときをとらえる。空襲警報が鳴り響く中，清太は家の庭に食料品を埋めている。それを見ている心臓に持病を抱えた母親に，清太は早く避難するように急がす。節子は，清太の近くで，彼の様子を眺めている。節子をおぶった清太が玄関で靴を履いているそのときに，爆弾の落下音が聞こえ，清太は頭を抱えて伏せる。しばらく様子を見て，家から駆けだす。空からは焼夷弾が降り注ぎ，火事が広がる。清太は，逃げ惑う人々の間を縫って，逃げる。一息ついて土手から上がってみると，町全体が焼け野原になっている。避難場所の国民学校にたどり着くと，母親は瀕死の重体で，包帯をぐるぐる巻きにされて横たわっていた。母親に会いたがって泣く節子を横に，清太は校庭の鉄棒で前周りを続ける。

　清太は節子とともに遠い親戚の未亡人宅に身を寄せる。そこには清太の母親の着物類が運ばれてきていた。未亡人は，軍人さんが運んできたと説明する。清太が自宅の庭から掘り出した食べ物を目にした未亡人は，海軍さんのところにはなんでもあると嬉しがり，バターもあると言って少しなめる。清太の母親は結局亡くなり，他の多くの死体と一緒に大きな穴に投げ込まれ，焼かれる。清太は遺骨の入った木箱を持って帰る。その清太を遠くから幽霊の清太が見ている。

　清太は未亡人の家の前に来て，遺骨の入った木箱をどうしようか迷い，決意し，茂みの中に隠す。清太の母親のお見舞いに行きたいと言う未亡人に清太は母親の死を伝える。未亡人はそれを聞いて，なんで早く言ってくれなかった，と強く言う。家でゴロゴロ寝転がりながら雑誌を読み，隣組の仕事も何もしない清太に呆れた未亡人は嫌味を言う。部屋に居づらい清太は節子を誘って海に行く。節子と遊びながら，かつて海で泳いでいると，お昼ができたと岸から母に呼ばれたことを思い出す。満腹になるまで食べられたときがつい最近まであ

った。空襲警報が鳴って，海岸から戻ろうとすると節子はお腹が空いたと駄々をこねる。

　未亡人は，清太の母親の持ち物の着物を売ってお米に替えたいと言う。清太は，着物が一斗の米になると知って，そんなになるんですかと驚く。着物を持ち出そうとする未亡人の腕に節子はすがりついて泣く。清太は節子を引き離すが，節子は泣きじゃくって暴れる。未亡人が着物を持って清太の部屋から出てゆくのを清太の幽霊が見ており，節子の泣き声に聞いていられないと耳を塞ぐ。清太の両親と節子と4人で写真を撮っている場面が挿入され，節子は母親にすがりつく。節子が目にしているのは，未亡人の持って行ってしまった着物であった。未亡人はお米を清太の広口瓶に入れる。その量の多さに清太は大満足だが，節子はすねて寝ている。

　未亡人の家には下宿人と娘がいる。未亡人は勤労動員に出ている彼らには米の握り飯をもたせて，家にいるだけの清太と節子には雑炊しか与えない。食べ物について文句を言う節子に，可愛げがないと感じている未亡人は，そんなに言うなら食事は別にしましょ，と言い張る。それを聞いた清太は，母親の残した貯金を降ろし，七輪などを買い揃え，自分らで食事を作り，食べ始める。未亡人は，清太の振る舞いが気に入らず，また流しには食器が洗われないまま置かれているのに腹を立てる。そんなとき，節子がお母ちゃん，と言って寝ぼけながら泣き出すので，未亡人は，襖を開けて清太を怒鳴る。清太は仕方なしに節子をおぶって外に出る。いつしか幽霊になった清太は，節子を背負って，空襲警報の鳴る中，防空壕のほうに走ってゆく。見ると，防空壕のところに，清太と節子がいる。節子はおばちゃんのところは嫌だとはっきり宣言する。清太は未亡人に防空壕で住んだら，と嫌みを言われたことを思い出す。清太は2人で，防空壕で生活することを決意する。

　最初はままごとのように楽しげであるが，夜になると，節子は急に寂しくなった。節子を慰めようと清太はたくさんの蛍を蚊帳の中に離し，その明かりを楽しむ。その明かりがいつしか戦艦長門の型になる。清太は節子に観艦式を見たことについて話しをする。連合艦隊が勢ぞろいし，巡洋艦摩耶に海軍大尉の父親が敬礼している姿が映る。ふと現実にもどってみると節子はすでに寝てい

る。寂しくなって節子を抱きしめると，節子は苦しがる。翌朝，節子は死んだ蛍を集めて穴を掘って埋め，未亡人から，母親も墓に入っていると聞いたと清太に語る。清太は，耐えきれなくなって，涙を流す。

　徐々に2人の生活は困窮を極める。最初は農家のさつまいもなどを盗んで食べていたが，捕まってしまう。殴られて傷だらけの清太が派出所から出てくると，心配顔の節子がいる。清太は泣き出す。節子は，清太に抱きついて，どこ痛いの？医者呼んで注射してもらわな，と母親のように言う。清太は節子を抱きしめる。この後，清太は空襲で人のいなくなった家に忍び込んで，衣類などを盗んで食べ物に替えていた。こうした行為に清太は活き活きしてくる。しかし節子の体には湿疹ができて治らなくなり，下痢も続く。心配した清太は医者に連れてゆくが，医者は栄養失調なので滋養をつけろと言うだけ。清太は滋養のつくものはどこにあると医者に向かって怒鳴ってしまう。清太は節子に栄養のあるものを食べさせようと，母親の残した貯金を降ろす。そのとき，近くにいた銀行の客が，戦争は終わったと話しているのが聞こえる。清太はその客に，連合艦隊はどうした，と強く言う。その客は，連合艦隊は全滅した，と何をいまさらといった調子で知らせる。それを聞いた清太は，ぼろぼろになった父親の写真を取り出し泣き崩れる。防空壕に戻った清太の前には，節子が横になって口をもぐもぐさせている。ドロップ缶に入れておいたおはじきを口に入れてなめていた。清太は節子の口からおはじきを取り出し，代わりに買ってきたスイカを食べさせようとする。しかし節子はそのまま死んでしまう。

　清太は節子の遺体を焼く。清太の声で，そのまま防空壕には戻らなかったと説明される。清太と節子の幽霊がベンチの上に現れ，そこで節子は清太の膝を枕にして眠りにおちる。清太は節子に手をかけながら，見下ろす。そこには現代の都市の街並みが広がっていた。

4.2　幽　霊

　最初に登場した清太の幽霊は清太自身の死にゆく姿を眺める。幽霊と，まだわずかに生命を残している清太が同時に出現しているのであるから，清太とそ

4.2 幽霊

の分身（幽霊）が同時に現れたとみることができる。その幽霊の見ている清太は，現実に死ぬ。そして，投げられたドロップ缶から出た骨は節子の幽霊となって立ち現れ，清太の幽霊と一緒になる。とすると，清太の幽霊が見ている前で清太が亡くなり，その延長で節子の幽霊が立ち現れたのであるから，節子の幽霊自体も，形は異なるにしても，清太の幽霊の思い描いている分身ということになろう。男性がこころの奥底にある女性イメージ（アニマ）があるということはユング心理学の教えるところである。節子の幽霊は，そうした女性イメージということになろう。そのアニマは清太の幽霊と行動を共にすることにも，その意味がある。

　清太の幽霊は，清太の行動の転換のときに現れ，彼の振る舞いを眺めている。たとえば，骨箱を抱えて電車に乗る清太を幽霊が見ており，清太が未亡人の家の前まで来るのを幽霊が遠くから眺めている。幽霊は節子が母親の和服を持って行ってしまう未亡人に泣いて抗議するのを，耳を塞いで耐える。幽霊が，防空壕に清太と節子が並んで立っているのを遠くから眺めている。このように清太の行動の節目に幽霊が現れ，清太の行動を眺めるのである。こうした幽霊と清太の関係はどうなっているのであろうか。

　幽霊と清太が同時に出現するのであるから，先に述べたように，幽霊は清太の分身と考えることができる。しかし，両者の関係は，清太が主体ではなくむしろ幽霊が主体である。というのも，幽霊が登場して自身の死を語るのであり，同様に清太の大きな転換のときに現れその振る舞いを幽霊が眺めているからである。幽霊が自身の記憶を語っているかのようなのである。

　幽霊が思い出すのは清太の決断のときである。その決断は，徐々に清太の生活を孤立の方向に追い立てる。母と家を失い未亡人の家へ行き，母の遺品の衣服を失い，未亡人の家で食事を別にし，やがては未亡人の家を出てゆく。そして，節子との2人だけの生活に，入り込んでゆく。節子との2人だけの生活は，誰にも邪魔されることのない理想的な生活ということになろう。節子の世話を一人で行うことによって，彼女の無垢なこころとその美しさを独占できる。

　リヤカーを貸してくれた農家の主人に，食料を分けてくれるように頼みに行ったときに，未亡人に謝って，家に帰らせてもらえ，と勧められるが，清太は

それを無視してしまう。清太には折に触れ，大人との関係を結ぶ機会があった。その前にも，国民学校で瀕死の母親のことを心配してくれた知り合いの女性が一緒に来るように勧めてくれたが，清太はそれを無視してしまっていた。大人との関係を結ぶきっかけ（子どもとして大人に甘える機会）は与えられていたのであるが，清太はそれを聞き入れず，節子との2人だけの関係を選択した。

　節子の世話を引き受けたとはいえ，清太の行動をみると，飢えによる，食べ物を得る欲求が中心になっている。もちろん自身の飢えにもよるが，4歳の節子のための心配でもあるので飢えの解消は二重に切実である。節子の面倒をみなければと清太が使命感に燃える理由には，父に怒られる，というものがあったが，そればかりではなく，清太は節子の中に理想的な女性イメージを見ていたのであろう。清太は，連合艦隊のイルミネーションを想像し，寂しくなって，節子を抱きしめる。まるで恋人に寂しさを慰めてもらいたいかのようである。派出所から出てきた清太の姿を見た節子は，まるで母親であるかのように清太に対し，清太はたまらず節子を抱きしめる。清太にとって節子は，養育すべき妹であり，父親に世話を頼まれた妹ではあるが，時には恋人であり，時には母親でもある。4歳の子どもでありながら，14歳の清太が節子に投影しているイメージは，理想的な女性イメージなのである。清太は，妹の節子の振る舞いの中に，女性としての聖なる無垢な姿を感じとっている。こうした節子のイメージは，生活の中で食事のやりくりや近所付き合いについて清太に嫌味を言う未亡人と対比的である。清太にとって女性が節子に代表される聖的イメージと，未亡人に代表される現実感覚に満ちたものに明確に分離される。清太は，前者のみを目にするのであり，後者は完全に拒否するといった二分法が成立している。

　幽霊と清太には，体験としての連続はない。しかし，幽霊が清太自身の節子を亡くすまでの経緯を振り返り，そしてふたたび現れたときには，節子の幽霊は清太の幽霊の膝に抱かれて眠るのであり，清太の幽霊は繁栄した街並みを遠くから眺める。このときの幽霊の姿は死んだときの痩せ衰えたものではなく，まだ元気なときの姿である。この姿の示していることは，幽霊が自身の過去を振り返って清算し，将来に目を向け，その発展を見守っているということであ

ろう。つまり，幽霊の体験を媒介として，死んだ清太と現在が連続している。清太が死んで幽霊になった段階で，主体とその分身の間に断絶が生じたが，幽霊が自己の来歴を振り返ることで，自身の有様を受け入れ，将来に目を向けたということである。『おもひでぽろぽろ』で27歳のタエ子が10歳の体験を想起し，現在につなげることで将来に生きる力を得たのと同様である。節子が清太の膝で眠っているというのは象徴的である。安心して眠れる，ということは飢えの心配がないということでもある。

　飢えについて原作者の野坂昭如は，意味深い発言をしている。それによると，「自分のものを食べないで妹にやろうと心の中では思っても，イザ，それを手に持つと，こっちも腹がへってるものですから，やはり食べてしまう。その食べたときのおいしさたるやないわけですが，食べおわったときの苦痛というのはものすごいわけです。世の中に俺みたいにダメな奴はいないんじゃないかと思ったりしてね」(高畑　勲『映画を作りながら考えたこと』p.426)といったように，妹のためとはいっても限界があり，自身の飢えを満たすことが優先されるときがある。そして同時にそのことに罪責感ももつ。心理学者のマスロー(1998)は，彼の動機づけ理論において，高次の動機づけは低次の動機づけが満たされないと満たされることがないと述べている。飢えを満たす動機は，低次のものであるので，他の動機づけに対して優先的に満たされる。野坂が自覚しているように，妹へのいたわりよりも，自身の飢えを満たすほうが優先されるのは人間の心理の本質である。ただ，人間である以上，飢えが少しでも満たされると，妹への配慮が足りなかったことで罪責感が生じる。こういったような飢えの極限状態に清太は生活していた。

4.3　清　太

　それでは清太は現在の視点からはどのように考えることができるのであろうか。

　清太について監督の高畑　勲は，最初に述べたように，現在の若者に通ずるものを感じている。高畑監督によれば「清太少年は，私には，まるで現代の少

年がタイムスリップして，あの不幸な時代にまぎれこんでしまったように思えてならない」(上掲書，p. 418) と記している。そしてその理由として次のように語る。すなわち「清太のとったこのような行動や心のうごきは，物質的に恵まれ，快・不快を対人関係や行動や存在の大きな基準とし，わずらわしい人間関係をいとう現代の青年や子供たちとどこか似てはいないだろうか。いや，その子供たちと時代を共有する大人たちとも同じである」(同書，p. 419) といった解釈である。『火垂るの墓』の公開は1988年であるので，この当時高畑が考えていた若者像が，清太に代表されるものであった。こうした人物像は，すでに四半世紀以上を経過した今日においてもそのまま通用する。むしろ，その傾向は顕著になっているように思える。

　では今現在において，清太と節子の関係はどのようにとらえることができるのであろうか。その一つとして考えられるのが，部屋に閉じこもってアニメに熱中する視聴者とアニメのキャラクターの関係であろう。たとえば，清太は視聴者，節子がキャラクターに相当するといった関係である。視聴者は，アニメのキャラクターに理想的な女性イメージを投影する。そして画面を通してそのキャラクターに大きな目で見つめられていると想像する。そのためキャラクターの目は大きく，しかも光り輝く光点がたくさん描き加えられる。視聴者に身近で，しかも目を輝かせて自分に見惚れている恋人としてのキャラクターである (横田，2006)。現実の女性との間で恋愛関係を築くのではなく，アニメのキャラクターとの間でそれを築く。それは自分が傷つくことのない，そして自分の希望する関係をそこに盛り込めるからである。そのためには，現実世界に出てゆかず，ひたすら自分の世界に閉じこもる。清太と節子が防空壕で2人だけの生活を営み，2人の世界にまさに自閉したように。

　原作者の野坂昭如は高畑　勲監督との対談の中で，原作は自身の体験がもとになっていることを語り，書いていないこととして「正直にいうと妹が死んでお荷物がなくなったという解放感もありましたよ。これで夜中に泣かれなくてすむとか，おぶってそこらへんをうろつかなくてもすむという，大変妹には気の毒だけれど，そういう気も確かにありました。(中略) 絶対，あの妹をね，お荷物に思ったことはあるはずですから」(上掲書，p. 425) と明言している。

こうした気持ちの存在は否定し得ない。臨床心理学者の河合隼雄（1987）も彼の著書の中で，ナチのユダヤ人収容所に収容されたエリ・ヴィーゼルについて紹介している。それによれば，収容所で父子が一緒に生活していたが，父が病気になり，息子のエリは父を救うために最善を尽くす。しかし息子に最後の水を求める父を親衛隊員は棍棒の一撃で殺してしまう。息子は父の呼び声に答えることができず立ち尽くしていた。自分のこころの奥底を探ってみたエリは「とうとう自由になった！」という思いのあることを自覚する。エリの自覚した思いは，野坂が感じたのと同じものであろう。やっと自由になった，という思いがどこかにある。しかし高畑の描くアニメーションではこの思いは描かれない。というのも，すべて幽霊の回想として理解される作りになっているので，清太の節子への思いは，美化されたものとしてしか存在しない。清太には節子の骨は宝石のように見える。ただ，わずかに野坂の自覚したことに触れているように思えるのは，清太が節子の遺体を焼いた後防空壕には戻らなかったと語られている点である。節子との思い出の場に戻らなかった，というところで，節子がいなくなって清々した，という気持ちが含まれているようにも思える。人間の心理の複雑さがほのみえる。

　高畑は第3章で紹介した『おもひでぽろぽろ』の演出ノートの中で，家族の中でのさまざまな軋轢が思春期の自我の成長に必要であると述べている。清太は，そうした家族の中での軋轢をまったく経験していない。思春期において自我の成長に必要な軋轢がまったくない，ということの結果，清太は死んだのであった。

4.4　親密な大人の不在

　清太にとって，彼の自我の成長のために必要な大人が存在しなかったというのは不幸なことであった。母親は最初に亡くなり，父親は不在のままである。小学校で声をかける女性は，その女性の家族と一緒になることを清太に勧めるが，清太はそれには従わない。海軍のトラックが清太の家族の荷物を未亡人宅に運んでくれたとしても，その後の清太の行く末に関心を示したようには語ら

れない。これは清太の幽霊の視点から眺めているからいえることであって，現実には海軍の援助があったかもしれないし，清太の関心は節子に集中していたがためにそれには気づかなかったのかもしれない。農家の主人は，リヤカーを貸すといったような援助はするが，その彼も，清太がもっとも困窮したときには，未亡人のもとに帰るようにアドバイスしているだけで，清太の必死の願いを叶えようとしない。つまり清太にとって本当の意味で親密といえる大人は不在であった。甘えられる大人が存在しない，ということは，清太が大人との間で緊張した関係しか結べなかったということである。高畑が述べたように，思春期の自我の発達のために必要な，大人との間に，軋轢がありながらも保護された関係性をもたなかったことを意味している。大人との間で心理学でいうところの基本的な信頼関係を築くことができなかったのである。こうした関係の中で，清太の選んだ関係は，節子との自閉的な結びつきであった。

　未亡人は，現実原則に従って，清太のわがままな振る舞いに，食べ物を差別する。下宿人や自分の娘には，雑炊を食べるときにも，底に沈んだ部分を掬って食べさせる。戦時下において，戦争に協力している彼らには当然食べる権利がある。それに対し，なにもしないで遊んでいるような清太と節子は許しがたい存在であるので，雑炊の上澄み部分を食べるぐらいの価値しかない。そう判断する未亡人は，大人の現実原則に従って行動している。そうした振る舞いにあからさまな差別を感じる清太は，大人の現実原則を感じるこころが育っていない。ただ差別されていると不満に感じる。自分たちが何もしないで寄食していることを棚にあげ，不満を未亡人にぶつけるのである。未亡人は，そうした清太と節子が，彼女自身の厚意を踏みにじるものに思える。基本的な信頼関係を背景に，積極的に甘えることができたならば，未亡人のこころもそこまでは頑なにならなかったかもしれない。甘えるというのは，子どもたちの生きるための一つのすべである。未亡人は，軍人さん（清太）の家族が食べるものに苦労しないで豊かに暮らしていたと思い，それに比べ自分は苦労してきたのに，その軍人さんが自身の困難なときには当然のように自分の生活の中に寄食することが腹立たしい。そうした彼女の心情を察しない清太は，彼女にとって許しがたい存在である。彼女が嫌味を言うのは当然である。大人の感覚である。そ

4.4 親密な大人の不在

うした大人の感覚を無視して，自分たちだけで生活することを選ぶ清太の選択は，常識人である未亡人の感覚からすれば，常識を超えた行為であった．つまり清太の社会化に必要な親密な大人，すなわち両親が不在なのである．清太が自閉せざるを得なかったのも当然であった．

　清太が盗みを始めるようになるのは，先に述べた農家の主人が未亡人の元へ戻るように清太に声をかけた後に，清太たちが戦闘機に銃撃され，逃げ込んだ先がトマト畑だったことがきっかけであった．清太の目の前に熟れたトマトがあった．戦闘機に追われる非日常的な出来事の後に，しかも飢えに苦しむその目の前に，熟れたトマトがあったので思わず食べてしまった．節子は，トマトを手渡され，「ええのん？」と聞くが，清太に促されて食べる．こうして畑からの盗みが始まる．節子の「ええのん？」のセリフは，良心の声であるが，飢えた清太には効き目がない．しかし盗みが見つかり，派出所に突き出されてから，空襲の最中に留守宅に上がり込んで盗みをはたらくようになって，かえって活き活きしてくる．非日常の現実の中で，清太は，節子のためという言い訳をもちながら，盗みを重ねる．清太の非社会的な行動は，飢えと，彼を養育する大人の不在によっていた．節子が飢餓の果てに瀕死の状態になったとき，清太は母親の残した貯金を降ろし，その金で食べ物を買い求める．これは社会的な行動である．貯金を降ろしたとき，銀行に来ていた客から戦争が終わり，連合艦隊が全部沈んだことが知らされる．清太の周囲の環境が，戦争の非日常から，日常に戻ったのである．これに対し，清太は父親の死を知り，さらに節子は帰らぬ人となった．日常に戻った現実に対し，非日常に入ってしまって盗みを行ってきた清太は，彼のこころの支えであった父親と節子を同時に亡くしてしまった．そして非日常にいる清人には節子の骨は宝石のように見えた．

　少し後戻りになるが，節子の死の場面を少し詳しくみてみたい．降ろしたお金で食べ物を買って帰った清太に，節子はか細い声で「にいちゃんどうぞ」と言って小石を差し出す．いぶかる清太に節子はさらに「ごはんや，おからたいたんもあげましょね，どうぞ，おあがり」と言い，さらに「食べへんの」と続ける．死ぬ間際の，ほとんど動けない状態の節子は，清太に対し母親役割を演じた．清太はたまらなくなって泣き出す．清太は，この物語の始まりで実の母

親を亡くし，最後で母親役割を演じる節子を亡くした。清太にとっては，母なるものの完全なる喪失を意味している。清太が甘えられる存在がまったくなくなってしまった。防空壕に自閉した清太は，大人との関係を失い，理想的な女性のイメージのすべてを体現したような節子をも喪失し，戦争終結に伴い日常性のもどった現実に直面しなければならないことになった。結果的に，清太は餓死した。

4.5 おわりに

清太の体験したような第2次世界大戦下で，空襲によって多くの人々が亡くなるような出来事は，今となっては想像することは難しい。しかし，戦争ではないが，大災害が日本を襲い，多くの人命が失われるような出来事は，繰返し起こってきている。こうした現実に対し，清太の体験は，切実なものとして受け取る必要があろう。誰の助けもなく，幼い妹の面倒をみなければならない事態は，食べるものに困ることが少ない現代社会では想像に絶する。しかし，現代社会においても，部屋の中で飢餓の末亡くなった人がみつかるといったような報道がたまにみかけられる。清太のおかれた状況は，現代においても，けっしてなくなってはいない現実なのである。

こうした現実に対し高畑は，現実をみつめる幽霊を登場させる。節子はその膝で安心して眠っている。精神科医の神田橋條治（1994）は『追補 精神科診断面接のコツ』の中で，面接の工夫を述べている。その一つが，「面接している自分は，今ここに居て，患者の話に聴き入り，うなずいたりしている。ところが，その意識の一部，主として観察する自己が，一種の離魂現象を起こして空中に舞い上がり，面接の天井近く，自分のななめ上方から見下ろしている，とイメージする」(p.72) というものである。このイメージを長時間保つことができるようになり，やがて空中の目という意識が薄くなり，面接している自分にまで届き，融合するようになるという。こうした目の存在は，面接場面で，共感的理解を高めることになる。つまり自分はここにいながら，自己意識の一部が周囲の全体を見渡すような位置にある，ということであるから意識的に分

4.5　おわりに

身を作り上げることになる。そして分身の感じたことが自分と融合することで，場の共感的理解ができる。清太の幽霊は，神田橋のあげている臨床場面でのことではないが，現実世界に対する，空中に舞い上がった目の役割を果たしている。そうした目から現実をとらえることで，現実に起こっている出来事への共感性が高まり，また理解も深まる。ちなみに神田橋は，空中の目は，臨死体験においても出現すると述べている。われわれはアニメーションにおいて，幽霊の視点から清太の振る舞いを観察し，ある距離をおきながらも，その振る舞いを共感的にとらえることで，主人公の感情に入り込みすぎないで，極限状態での心理的状態への共感性を保つことができる。こうした幽霊の視点をもつことは，神田橋の天井の目と同じで，日本の現実をとらえ，理解を深める方法として役に立つ。

　高畑があげているように，快・不快といった二分法で行動を決定する現代社会において，生きることはすでに死を内在しているといった理解は，必要なことであろう。清太の涙ぐましい努力のかいもなく節子は死ぬのであり，清太自身も飢餓で死ぬ。これほどの死ではなくとも，生あるものには死が必然である。このことを知ることで，快・不快の二分法による行動原理は，あまりに単純なものとして理解される。清太の幽霊に見られているといったような視点の設定が必要になってくるゆえんである。河合（1987）によれば，心理療法における自己実現の過程では，古い自我の破壊と新しい自我の再構成が起こってくるのであり，「死と再生」が必要である。清太が死んで幽霊が現れるのは，まさに「死と再生」の過程が演じられているとみることができよう。

5 「生きるって辛い！」
——でも何とかなる

　巨大ロボットもので大ヒットした作品に『新世紀エヴァンゲリオン』がある。この搭乗者シンジは母親を亡くし，父親には無視されている。しかも近くにいる女性たちは皆しっかり者で，シンジにしっかりしろと叱咤激励する。シンジは安らげる場所をもたない子どもである。皆から責められ，追い詰められ，無意識になると，エヴァンゲリオンに同期して，それを動かすことができるようになり，外的な強大な敵と戦う。追い詰められ，無意識にまで落ち込んではじめて力を発揮するというのはなんとも辛い生き方である。しかし，エヴァンゲリオンを動かすために，ネルフなる組織全体が機能しているのであるから，シンジ一人を組織全体が支えていることになる。シンジ一人に地球の運命がかかっているという大げさな構図が出来上がる。地球のすべてのものに支えられているという認識は，生きる活力につながろう。もし，そうした認識が誇大的，妄想的でなければという但し書きがつくが。いずれにしてもそこまで誇大，妄想的世界に遊べることは，現代の一つの特徴なのであろう。『進撃の巨人』といったヒット作も，少数の若者が，巨人という絶対的な悪と戦うというものであるが，主人公も巨人と深い因縁がありそうに描かれている。ほとんど生き残れそうもない困難な状態に投げ込まれた主人公が，それでも何とか生き残るさまが，ヒット作の中にはある。そうした非常に特異な非日常事態に追い込まれる主人公ばかりでなく，もう少し現実的な状況の中で起こってくる非日常的な事態もある。そうした例の一つが『ももへの手紙』という作品の中でみられる事態である。

　『ももへの手紙』は2012年に劇場公開された沖浦啓之監督作品である。沖浦は，多くの作品にアニメーターとしてかかわりながら，『人狼 JIN-ROH』（2000年劇場公開）を監督した。『ももへの手紙』が監督第2作である。この作品の主人公もも（小学6年生，11歳）の父親宮浦カズオ（42歳）はすでに

亡くなっている設定である。カズオは海洋学者で、ももが両親の結婚記念日に用意した、ウィーン少年合唱団のチケットを目にしながらも、自分が行かないと皆に迷惑がかかるといって仕事に出かけてしまい、不帰の人となった。つまり、仕事に一生懸命である。『ももへの手紙』の完成に7年をかけている沖浦にとって登場人物のそれぞれは愛すべき存在であり、自己の分身となっていよう。仕事に一生懸命のカズオを登場人物として設定し、仕事の途中で死に至らしめている。カズオはこれでいいのだろうかと疑問視していることになる。その一方で、死をみつめることは新たな自己の発見のためとも考えられる。心理的な発達において「死と再生」のテーマが繰り返されることに対応していよう。

　11歳に設定されているももは青年前期（11歳から14歳）にあり、クロガー(2005)によれば、家族の中での自己の再定義ならびに仲間との新しい関係の形成がアイデンティティにかかわるテーマとなる。父親のカズオは年齢的にはエリクソンの第7のステージにあり、ここでの発達課題は「世代性　対　停滞」として知られている。この課題の世代性とは次の世代を育てることへの関心を示し、その失敗が停滞である。エリクソンが想定した「世代性　対　停滞」の発達課題は40歳頃の中年期のものである（クロガー，2005）。こうしたいくつかのライフサイクルのステージの者がかかわり合うのが家族であり、その家族内では、それぞれのステージでの発達課題が相互に影響し合って、こころの混乱を増幅することもある。たとえば、中年期に達した親は自身の中年期危機に遭遇し、それに同期して子どもは青年期のアイデンティティの混乱を体験する。こうした状況はまさに『ももへの手紙』で描かれている事態である。さらには妖怪が登場する。

　『ももへの手紙』は、父親を亡くした小学生の女の子が、母親の故郷の島に引っ越し、妖怪たちに出会うことで、こころの痛手から回復する物語である。妖怪に出会うという非日常的な事態が現出するが、馴染みのない島の環境で友だちを得るためには、妖怪といった異人との交わりが一つのクッションになっている。こころの問題からの回復過程を理解するのにわかりやすい一つの事例である。では物語についてみてみよう。

5.1 物　　語

　　上記のように，父親カズオを亡くしたももは母親いく子に連れられて，瀬戸内海の汐島へ引っ越してくる．引っ越してきたその日に，大おじ，大おばと一緒にももといく子が語らう．大おじは，いく子が喘息の療養に来ていたことをももに語る．郵便配達員の幸市が郵便を届けに来て，大おじに間違いを指摘され，しっかりしろと怒られる．幸市は，そそくさと次の配達のため去ってゆく．大おばは，荷物運びを手伝って，とももを「そら」へ誘う．そらは，屋根裏部屋であり，むき出しになった梁には太い木が使われている．ももは，文箱をみつける．中には黄表紙が入っている．取り出してみると，不思議な姿の妖怪たちが描かれている．ももたちが去った後に，空から降ってきた3つの水滴が，文箱の中に入り込んでゆく．夜になっていく子は，明日は今治にホームヘルパー2級の講習に出かける，とももに伝える．ももは突然の話に動揺し，一人でどうしたらいいの，とむくれる．風呂から上がって椅子にかけているももは，手紙を取り出して眺める．そこには「ももへ」とだけ書かれている．「お父さん」とつぶやくと，「もういい」という自身の捨て台詞が聞こえる．ももが父に向かってはいた台詞であった．ももは「もう帰ってこなくてもいい」と父に言った場面を思い出す．そのままももは父の会葬場面などを次々と回想する．現実に戻ったももは「なんて書きたかったのお父さん」とつぶやく．この手紙は，アニメーションのタイトルになっている『ももへの手紙』であった．

　　次の日，ももといく子は，買い物に出かけた先で，島の子どもの陽太（12歳）とその妹の海美（5歳）と知り合う．そのままいく子は桟橋から今治に出かけてゆく．そのときももは商船に乗り込むいく子についてゆく不思議な影を見る．留守宅に一人戻ったももは，食べたはずのないプリンがいつの間にか食べられているのを見て，家の中に何かがいると感じる．さらには人がいないはずのところから男の声が聞こえる．怖くなって，外に出て振り返ると，長屋門を通って2つの影が追いかけてくる．恐怖に駆られ，街中に逃げ出してゆく．気づいたら，どこにいるか分からない．そんなももへ知り合ったばかりの陽太が声をかけ，島で迷ったときの道のみつけ方を教える．

家に一人で帰るのが嫌なももは，いく子を迎えに行き，一緒に帰ってくる。ももは，怖がって玄関から中に入れない。何かが腿をなめるのを感じ絶叫する。夕食時，ももは，自身の奇妙な体験を食事中にいく子に伝えようとするが，うまく伝わらない。

次の日の朝，いく子は急いで出かけてゆく。ももはふて寝している。すると天井からいく子が出かけた，と声が聞こえる。驚いて，怖くなって，外に出ると，陽太と海美が待ち構えている。陽太に紹介されて子どもたちの仲間入りをするが，橋から海に飛び込んで行く陽太たちに驚く。海から橋までが非常に高く，飛び込む気を失って，家に帰ろうとするが，怖くて家の中へ入れない。雨になり，雷も鳴りだす。急いで駆けだし祠の中で雨宿りする。すると祠の中で，隣から声が聞こえ，雷が光ると妖怪たちの姿が浮きたって見えるようになり，やがて彼らの姿が完全に見えるようになる。それはイワ，カワ，マメという黄表紙に描かれた妖怪のそれであった。驚愕したももは，祠から逃げだす。ももは別宅で，大おじから妖怪について話を聞く。大おじはももに妖怪対策法を教える。ももは妖怪対策法を実践しようと練習する。

朝，ももが起きるといく子が出かけてしまった後であった。畑に手伝いに行くという手紙とお昼のおにぎりが置いてある。また一人だ，とげんなりすると，天井から音がする。ビックリし，怯えて，布団にくるまっているもものもとに妖怪たちが現れる。撃退しようと，ほうきを振り回すももからうまく身をかわしたカワの懐から通行手形が落ち，ももがそれを手にする。するとどういうわけか妖怪たちが慌てふためき，思わず手形の意味を口走ってしまう。弱みを握ったももは，妖怪たちを家から追い出す。ももが家で宅配便を受け取って，気づくと，妖怪たちが家に戻ってきており，まるでわが家にいるように振る舞うのを見たももは，仕方なく妖怪たちが家にいる条件として「悪いことをしない」ことを約束させる。

いく子は出かけてゆく。マメがいく子について出てゆく。そんな様子をももは目をこすりながら見ている。この日，海に飛び込む陽太たちの仲間に加わろうとももは出かけてゆくが，気おくれして遠くから見ているだけで，加わることができない。一人で飛び込みの練習を突堤で始めると，イワに背中を押され，

海に突き落とされる。その突堤で，カワが食べているのは，盗んだまだ青いミカンであった。海にいる魚を勧めるとカワは「魚はきれえだ！」と言い放つ。大おじの肩をもみながら山の情報を仕入れたももは，イワとカワを山へ連れ出す。途中，モノラックというミカンの運搬に使用する乗り物をみつけたカワは，それに乗っていこうとする。ももは「怒られるよ」と制止するが，妖怪には人間のルールが通用しない。モノラックで斜面を上がってゆく途中，イワとカワはイノシシの親子をみつけ，メインディッシュと口走りながら，子どもをさらってくる。怒ったイノシシの親はそれを追いかけ，モノラックごとはじきとばしてしまう。ももはやっと辿り着いた頂上から見渡せる瀬戸内海の美しい眺望に感動する。

　イワ，カワ，マメの役目は，見守り組としていく子とももの様子を「そら」に知らせることであった。イワはマメに知らせの手紙を書くように指令する。しかしマメは，字が書けない。イワはももの机の上にあった「ももへ」という書きかけの手紙を，マメの書いたものと勘違いし，「へ」を消し，その後ろに「は元気。いく子も元気。」と書き加え，手紙を整える。ちょうど戻ってきたマメと一緒に，イワは手紙を「そら」に送る儀式の踊りを始める。そこへももが顔を出したので，マメは踊りに加わるように迫る。マメの気迫に負けたももがやる気のなさそうに踊り始めると，イワが，もものお尻を叩いて気合を入れる。しかたなくももは真剣に踊り始める。すると不思議なことに，手紙が消えてゆく。それを見て，ももがどこへ送ったのかとイワに問いただすと，「そら」である，との答え。「そら」に手紙を出せることを知ったももは，お父さんに手紙を書こうとする。が，「ももへ」の手紙が，見当たらないのに気づいて，慌ててしまう。イワは，間違って，その手紙を「そら」に送ってしまったことに気づく。

　台風が接近する日，いく子は講習会が休みで家にいる。ももが机に向かって父への手紙を書こうと考えていると，いく子が手鏡を見なかったと言いながらやってくる。ももは鏡台のところじゃないのと答える。ももがそらへ行くと，イワとカワは野菜や女の子の持ち物などを盗んできていた。そればかりかカワは母の手鏡をも持っていた。それに気づき，ももはカワから手鏡を取り上げよ

うとする。しかし手鏡は，カワの手から落ち，割れてしまう。そんなときいく子がそらにやってきて，散乱した野菜などの中に座るももを見出す。理由を問いただすいく子にももはそこにいる妖怪の仕業だと説明するが，妖怪の姿が見えないいく子はそんなももに「嘘は駄目よ」と厳しい声をかけ，言い合いになった末ももの頬を叩く。ももは，いく子に父のことを忘れてしまった，と暴言を吐き，家を飛び出してしまう。

　ももは妖怪たちと祠の中に座っている。ももは父親との顛末を妖怪たちに語る。ももは，かつて母が父と一緒に行ったウィーン少年合唱団の演奏会に，結婚記念日であるその日に出かけようとチケットを3枚用意して待っていたのであった。父には秘密にして母に買ってもらったのである。そのももに，父は急用ができた，と声をかける。そしてももの機嫌をとるためにアハーといったひょうきんな表情をしてみせる。そんな父に「もう帰ってこなくていい」とももは暴言を吐いてしまった。ももは何であんなことを言ってしまったのだろうと泣きながら後悔する。そうしたももをみかねたイワは，自分たちの役目がいく子たちを見守ることであるとももに語りかける。「そら」に移動するしばらくの間は死んだ父がももたち家族を見守れないのでその間見守り組として家族を見守り，「そら」に報告する義務があるというのである。そして「ももへ」の手紙を誤って「そら」に送ってしまったことが知らされ，見守り組の役目も明日で終わる，と語られる。

　そんなとき，幸市が，ももを探し当て，いく子のことを伝える。急いで家に戻ったももは，喘息で苦しむいく子を見出す。ももは，いく子が死んでしまうのではないかと心配になる。そらへ上ってももは妖怪たちに一緒に医者を呼びに今治に行ってくれと頼むが，関わってはいけない決まりがあると断られる。ももはもう頼まない，と言って保管していた通行手形を彼らの目の前の床に叩きつける。家から駆けだしたももは，台風の中，工事は完了したがまだ開通していない橋を伝って一人で今治に医者を呼びに行こうとする。それを止めようとやってきた幸市に，ももは，母が死んでしまうかもしれないと必死に訴える。後を追ってきた陽太も幸市に助けてやってくれ，と訴える。陽太の熱意に負け，幸市はバイクにももを乗せて，走り出す。途中，バイクのタイヤにごみが巻き

付き走れなくなってしまう。そのとき，ももは思い余って「そら」に向かって，お父さん助けて，と声をあげる。それに応えるかのようにイワ，カワ，マメが島の妖怪たちを集めて現れ，雨除けになってくれる。妖怪を見て失神してしまった幸市の代わりにイワがバイクを運転し，無事に今治に着くことができた。

翌明け方病院でいく子が静かに寝ているベッドに顔を伏せていたももは，家に帰ってくると母にささやき，家に駆け戻る。「そら」に帰る直前の妖怪たちに礼を言うのと同時に父への手紙を託したかったのである。幸いにも，カワが手紙を受け取ってくれる。そして妖怪たちが3つの水滴に戻って「そら」に帰ってゆくのを見送る。

ももは宮島さんのお祭りの日，母と連れ立って，お祭りにやってくる。2人は海岸で，藁船を海に流す行事を見守る。流し終わって皆が海岸を去って，ももといく子も行こうとすると，一艘の藁船が戻ってくるのを目にする。ももはその中に手紙を発見し，いく子もそれに見入る。その手紙は父からのもので，そこには「がんばったな。お母さんを頼むぞ。いつも見ている。父より」と書かれている。母には文字は見えないが，文字が書かれていると信じる。そんないく子を見たももはぎこちなく自身の頭をいく子の胸にもたせかけ，いく子はそんなももを抱く。

こうして島の子になったももは，橋の上から海に飛び込み，仲間と遊ぶようになる。

5.2 いく子

ももについて語る前にいく子について少し触れておくのがよいであろう。カズオと同様に，いく子の年代の発達課題は，「世代性 対 停滞」である。このいく子は，心理的には危機的な状態にあると考えられる。ストレス研究では配偶者の死がもっとも強いストレスであることが報告されており（夏目と村田, 1993），夫を亡くした妻には経済的な基盤の喪失が伴い，生活の立て直しを図る必要に迫られる。心理的にも誰々の奥さんと呼ばれ，自分自身のアイデンティティをもたずに済まされていたのが，新たな役割と責任を果たす自身のアイ

デンティティを確立する必要が生じる（バーネルとバーネル，1994）。そしていく子はカズオの死を受け入れようとする「喪の仕事」の最中にある。いく子は，まだ死者にこころがとらわれ，停滞している。

　さらに，引っ越しをして，段ボールを開け，整理するのは大きなストレスではあるが，生活の場を整えてから，周囲の環境に行動範囲を広げていくのが一般的な適応過程である。いく子は，それをしないまま，引っ越した次の日から講習会に出かけてしまった。いく子が身に着けようとしているのが現実的に仕事につきやすい資格のホームヘルパー2級であるという点も考慮すべきであろう。ホームヘルパーは訪問介護にかかわる資格であり，対人援助職である。こうした職を選ぼうとした背後には，自分自身が援助される必要があると，無意識的に考え，それを補償するための心のはたらきがあると思われる。

　そんないく子は，ももの言うことを聞く時間もこころの余裕もない。こうしていく子はももと諍いを起こした。その後でいく子に喘息の発作が再発した。喘息の発作は，身体症状ではある。しかし，いく子のおかれた状況をみると，その再発には心理的な要因が絡んでいる。すなわち，いく子は，カズオの死後，引っ越し，新しい仕事のための講習会への参加といったように，大きな変化に適応する必要があった。その一方で，ももが盗みをはたらいているようにみえ，自分はももの心が理解できなくなっていると感じ，そうしたももからかえって父を忘れたと言われてしまう。カズオのことについて蓋をし，頑張ろうとしていたいく子は自身の触れられたくない感情に直面化させられた。こうして心身ともに限界にきていたいく子に，喘息が再発した（もちろん台風による気圧の変化の影響もあって）。この意味するところは，いく子に，もう休みなさいという身体からのサインとして喘息の発作があったということである。本人には気づかれない無意識的なはたらきが，体の病気を通して，彼女の無理な状態を気づかせてくれた。

　以上のようにみてくるといく子は，「世代性 対 停滞」という発達課題からすると，停滞に陥っていたと理解できる。

　ではももについてはどうなっているのであろうか。

5.3 も　も

　ももは，先に述べたように，青年期に入りかけの時期にあり，家族や仲間との新しい関係づくりがテーマとなる。こうしたももにとって父の死は大きな喪失体験である。父を失ったばかりでなく，母には馴染みの地ではあっても自分には異邦の地である汐島に引っ越したももは，それまで慣れ親しんだ故郷までも失った。学校の友だちも，近所の馴染みの空間も，必要なものは何でも手に入るスーパーも失った。アイデンティティ発達によれば，青年期に入った女子が転居することは，否定的な自己評価をもたらす（クロガー，2005）。ももはまさにそうした状況にあった。

　昼間いく子は講習会に出かけ，夜はももの話し相手にはならない。そして朝ももが起きる頃は，出かけてしまった後である。別宅に住んでいる大おじと大おばはまだそれほど彼女に馴染みはないし，知り合った島の子どもとはまだ仲良くなれていない。ももは高ストレス下にあり，支えになる人がほとんど誰もいない状況での過緊張状態にある。こうした中でももは父親の残した「ももへ」とだけ書かれた手紙を見た。ももが手紙を見ていると声が聞こえる。「もう帰ってこなくていい」という自身の声である。死別体験者には，部屋の中で声が聞こえる体験をすることがあると報告されている（バーネルとバーネル，1994）。ももは，自分がそうした発言をした場面をまざまざと思い出す。

　ここで考えてみたいのは，思い出される場面で語られるのが，ももが両親の結婚記念日に，両親の思い出深いコンサートのチケットを母に頼んで用意したということである。このことはももが母の代理をしている，ということであり，母の代わりに，もう少し家庭のことを顧みてよ，と訴えていることにもなろう。言い換えれば，もう少し自分のことを見てよ，とも言いたい。青年期に入り始めているももは父との関係を新たなものにしたいと考えている。しかしそのももの気持ちは父には伝わらず，父は自分が仕事の責任者であり，社会的に重要な位置にいることのみをももに伝える。中年期に入った父は，仕事に自分の生きがいをかけられるようになった。ももは青年期への移行期にあり，父は中年期の移行期（中年期危機）にある。こうした同期した状況の中で，ももは父へ

暴言を吐いたのであった。そして両者は，交わらないまま不幸な結末に至ってしまった。ももは，そのためどうしてあんなことを言ってしまったのであろう，と罪責感を強める。上述したように，死別体験では罪責感のより強くなる時期がある（バーネルとバーネル，1994）のであり，まさにももの体験しているのもそれである。

　何であんなことを言ってしまったのだろうと考え，手紙に何を書きたかったのと自問するももは，父を失った体験に気持ちが留まっている。青年期に入ると通常は，自身から離れて他者の気持ちを想像することもできるようになり，父が手紙に何を書きたかったかを想像することも通常の状態であったならばたやすくできるであろうが，死別体験の中のももにはそれができない。先に述べたように，部屋で自身の声を聞いたももには，さらには人がいないはずのところから男の声が聞こえる。男同士が会話する声も聞こえる。人の影が自分を追ってくるのも見える。何か奇妙なものに腿をなめられる。これらは幻聴，幻視，幻触とみなせる異常事態である。パニックに陥るのも当然であり，驚愕して，必死になって逃げる。精神障害の発症過程の始まりには，周囲が異様に変容し，自分が何者かに危害を加えられるような驚愕体験がある（コンラート，1973）。ももの体験したものは，そうした精神障害の発病過程の始まりに似ている。それは，もものおかれた高ストレス状態から考えればうなずけることである。しかしももが健康なのは，そういった異常事態に立ち向かおうとし，その原因が妖怪たちにあり，その妖怪たちをコントロールする方法を見出し，彼らと約束を交わし，さらには交友関係を築けたということである。異常事態が安全事態に変化したということはももが健康であることを示唆する。

　さらに重要なことは，妖怪たちイワ，カワ，マメが家にいることをももが自分の一存で許可するということである。このことはアイデンティティの発達を考えると重要な判断である。子ども時代は両親の考えを内在化させ，それを基準にするが，青年期にはそうした内在化された基準から解放されたアイデンティティを見出す（クロガー，2005）。すなわち妖怪たちに与えた許可は，両親の内在化された基準にしたがったものではないもも自身の決断である。しかも自分の生活空間の中にいることを許可している。

5.3 もも

　さて，ももは亡くなった者に手紙を送れると知って，父に手紙を書こうとする。こうした手紙を書くという行為は，死別者の悲嘆に対する治療的はたらきかけとして活用される（バーネルとバーネル，1994）。ももはそうした悲嘆から自ら抜け出すための方法を考えついた。考えつくということから，ある程度父との和解が始まっているとみるべきであろう。そして先に述べたように，台風の中，幸市のバイクが動かなくなってしまったときに，「そら」に向かってももがお父さん助けてと声をかける。父に助けを求めているのであるから，この時点で父との和解は成り立った。

　ストレス下において第三者に援助を求められるということは，ストレス対処の方法として重要なことである。ももは母が喘息の発作で苦しんでいるのを見て，お父さんのように死んでしまうと恐れ，幸市に今治まで医者を迎えに行ってほしいと訴える。危機的状態の中で第三者幸市に助けを求められたということは，目的に合致した行動をすべきであるという大人の発想である。

　さて，妖怪たちとの別れのときに，ももは彼らに別れの言葉をかけられた。このことは，妖怪たち（見守り組）をもう必要としないということである。そして，父親への手紙を彼らに託せたことはももの「喪の仕事」がほぼ終わったことを意味しよう。残された仕事は，いく子とともに父の思い出に向き合うことであり，それは藁船に乗せられた手紙をいく子と共視することで成し遂げられる。ももには父の手紙が読めるが，いく子には文字が見えない。それでいてそこに何かが書かれていることをいく子は疑わず，ももの読み上げた内容に，間違いなくカズオの言葉だと確信する。手紙という外在化されたものを母娘が共視することで，父を対象化できたことになる。共視論（北山，2005）によれば，対象を共に眺める関係の中で，両者の間に関係性が成り立つ。ももといく子の間に，父親に見守られているという新たな関係性が成り立った。「喪の仕事」が完全に終わったということである。

　この手紙で重要なことは，ももにとっても文字がすぐに消えて見えなくなってしまうということである。いく子はもともと見えないのであったが，ももは見えていたものが見えなくなった。両者が同様に見えなくなったのであるから，心理的に同等のレベルに達したということであり，それは具体的なものを媒介

せずとも，心の関係を維持できる発達段階に至ったということである。

　手紙に書かれた文字がカズオの言葉であると確信し，目に涙を浮かべたいく子を見たももは，自身の頭をいく子の胸にもたせかける。いく子はそうしたももを抱きしめる。2人は閉眼し，ももはいく子に抱かれて安らぎ，いく子は抱くことで安らいでいるようにみえる。このことはつまりカズオの手紙の「いつも見ている。父より」の意味を2人が味わっているのであり，父に2人が見守られていると実感したということである。こうしてももは家族との新たな関係を築くことができたのである。

5.4 おわりに

　以上みてきたように，『ももへの手紙』で扱われる発達課題はエリクソンにしたがったものとして理解される。そして，本作品が示していることは，個人の心理社会的発達が，家族成員の抱える発達課題の相互作用に影響を受けているということである。青年期に入りはじめで，すべてを新たに始めなければならない根扱ぎ状態のももには妖怪たちとの関係形成が，アイデンティティの確立に促進的にはたらいていたのであり，「喪の仕事」が示しているように，亡くなった先人とのかかわりも発達課題の達成のためには重要なものとなっていた。

注）本章は，日本大学文理学部人文科学研究所研究紀要（2013）に掲載された論文の一部を改訂したものから成り立っている。

6 「魔法をかけられる」
——精神病状態からの脱出

　アニメーションの『アリーテ姫』の主人公は，児童文学である原作の主人公が活発な女の子であるのに反し，魔法使いのかけた魔法によってこころを動かなくされてしまい，遠くにある魔法使いの城まで連れ去られ，地下室に閉じ込められてしまう。他者によってこころを動かなくされるという体験は，自分が自分であるという自我が失われた状態であり，しかもこころを他者によって操られるという体験でもある。こうした体験は，精神障害者の体験する被影響体験である。つまりここで描かれているのは，こころがまったく動かず，何もできなくされている状態（精神病状態）である。それまでは外の世界に憧れて外に出たいと思っていた彼女が，そうできない状態に陥る。そんなとき彼女はこころの中で自分自身の来歴を物語にして語り始める。つまり自分が主人公になる物語を作ることができるのであるから自我が目覚めたことになる。すると徐々にこころが動き始め，いつしか魔法も解け，動かなかった身体も動くようになる。自分自身の物語を生きることが，現実で生きることにつながる。自分自身の物語を紡ぐことが，こころの再生に必要である。こころの停滞から，こころが動きはじめる精神病状態を脱する過程までが描かれていたとみることができる。

　ではまず物語についてみてみよう。

6.1　物　　語

　アリーテ姫は城の天辺の部屋で侍女に傅かれて生活している。そんな姫は秘密の抜け穴を通って，誰にも知られず城の外に出ることができ，そのまま街中に出かけ，市井の生活を観察する。また部屋の窓から眼下に広がる街の様子を眺め，人々の生活を想像するのを常としていた。ここで描かれていることは，

アリーテ姫の養育環境の特殊性である。すなわち，身近にいる他者は，傳く侍女ではあるが，親密なあるいは対等な関係を結べる他者ではない。そして両親に相当する養育者も存在しなかった。言い換えれば，社会性を育てる家族をもたなかった。心理的に孤立し，他者との関係は，想像することでのみ成り立っていた。

　そんなアリーテ姫の結婚相手となるべく，騎士たちが凱旋する。それは魔法使いの遺品を探し出してきたならば姫と結婚させるという王の約束にしたがったものであった。騎士たちは探し出した魔法使いの遺品を誇らしげに王に見せる。その夜，騎士たちは，それぞれが塔の外壁を登ってアリーテ姫の暮らす城の天辺の窓にたどり着き，部屋に入り込み，自らの冒険談と彼女への熱い思いを伝えようとする。姫はいずれの冒険談にも共感できない。そのためいずれの騎士も失意のままそこを去ってゆく。そこへ幼女の姿をした魔法使いが，姫の常用している秘密の通路を通ってやってくる。かつて戯れに幼女に変身した魔法使いが，その姿を元に戻す魔法の力を秘めた水晶を盗まれてしまったために元に戻れなくなってしまった。その水晶が，魔法使いの遺品を集めている王の城にあると期待してやってきた。しかしアリーテ姫にはこころあたりがない。幼女の姿をした魔法使いも失意のまま去ってゆく。なんとも不思議な展開である。アリーテ姫は，結婚を考えなければいけないような発達段階にある。成人期にあるということである。しかし彼女はそれを受け入れられないで，近づいてきたどの騎士も追い返してしまった。そして登場したのが幼女の姿をした魔法使いであった。アリーテ姫の心理状態は幼女のままであると言っているようなものである。

　アリーテ姫は自由な生活を夢見て，城からの脱走を試みる。そんなとき遠方より，老人の姿をした魔法使いボックスがやってくる。彼はアリーテ姫が，社会の秩序を乱すとして，城の重臣たちに非難を浴びせる。そこへ城を出ようとしていた怪しい娘が連れてこられる。それはアリーテ姫であった。しかし重臣たちは彼女がアリーテ姫とは気づかない。侍女以外と触れ合うことのなかった姫を認知できる重臣はいなかった。侍女たちの証言を待って，彼女が姫と判明する。重臣たちには，姫の行為は実に信じられない振る舞いであった。ボック

6.1 物語

スは，重臣たちに向かって，姫を本当のお姫様のようにし，自分の妃にすると語る。そして姫に魔法をかける。姫は，小娘の姿から成長した淑やかな女性の姿になる。しかし彼女はまるで人形のように意思をもたない。婚礼の衣装を身にまとった姫のところに，先の幼女の姿の魔法使いが現れ，3つの願いが叶う魔法の指輪を姫の指にはめて去ってゆく。ボックスは，自分の乗ってきた空飛ぶ乗り物に姫を同乗させ，はるか遠くにある自分の城へ連れ去ってゆく。ここで描かれていることは，姫が，分不相応な願望を達成しようと図り，失敗したことを意味している。精神病の発症に先立ち過度に活動的になる時期があるが，こうした行動はそれに相当する。その後，ボックスの魔法によって姫は自我を失わされ，操り人形にされ，彼に連れ去られる。精神病を発症した姫が，病院に連れてゆかれるようなものである。

　姫が連れてこられた城では，本物のボックスが待っている。空飛ぶ乗り物に乗っているボックスは，彼が魔法を使って身代わりを自分と同じ姿にしたものであった。身代わりの本当の姿は，なんとカエルで，ボックスが召使いとして使うために人間の姿にしていたのであった。ボックスの命令で，召使いはアリーテ姫を地下室に閉じ込める。姫は自分の意思を失って，茫然と椅子に座っているだけである。こうした姫の姿は，精神病の極期にあるがために，閉鎖病棟に入院させられている患者の姿にだぶる。

　意思がないかのように見える姫ではあるが，それでも地下室のあまりの殺風景さに，魔法の指輪の力を使って，壁に色模様をつけることを願う。その願いは叶えられる。さらに姫は，無為を慰めるために刺繍をすることを願い，刺繍の用具がほしいと念ずる。すると刺繍の用具が現れる。姫は刺繍をして暮らすが，やがて刺繍の用具を使い果たしてしまう。こうした姫の様子は，精神病の魔術的思考によって，自身の願望が達成されているかのようである。

　一方，自分の妃にするために連れてきたはずの姫に対して，ボックスは，まったく関心を示さない。彼が関心をもっているのは，食事番の女アンプルに食事を作るように命令することだけであった。アンプルは，姫のいる地下室の高窓から，姫に話しかける。彼女は姫に何か物語を語ることを勧める。アンプルの勧めに従った姫は，物語を語ろうとする。少しイメージが浮かび，物語を語

り始める。姫はその語りが，実は，自身のものであると気づく。世界を目の当たりにしたいという熱い願いも同時に思い出す。この思いを思い出すと同時に姫にかけられていた魔法が解ける。ここでは精神病状態を脱した目覚め体験が描かれているようにみえる。

　自我を完全に回復した姫は，地下室から脱走を企て，成功する。そしてボックスが，近くの村を，水を与え続けるということで支配してきたことを知る。姫の呪いが解けたことを知らないボックスは，地下室に戻っていた姫に，魔法が華やかだった時代の遺品を見つけてくるように命令を下し，その命令を守らないときには雷に打たれて死ぬ，という魔法を，姫の指にはめられた3つの願いを叶える魔法の指輪の最後の願いとして，姫自身が願うように仕向ける。姫はそれにしたがって魔法の指輪を使用するが，姫はすでに姫としての意識ではなく，一人の女性としての意識で，自らの考えで行動していたので，指輪の魔力は，無効になる。自由になった姫は，どこへでも行けると実感する。

　姫はアンプルの村の苦難を知り，村に不足している水について，解決策を探る。ボックスは，魔法の水晶を甕(かめ)の中に入れておき水を満たして逆さにすると，その魔法の力で水が無限に出てくる，その水晶の力を最小にし，わずかな水が出るように統制し，村を支配してきた。姫はその水晶を大きな容器（実は姫が連れられてきた空飛ぶ乗り物）に入れて，水を満たし，逆さにし，たくさんの水が溢れ出るようにした。その結果，村には豊かな水がもたらされた。ボックスは，そんな姫の振る舞いに対し自身の本来の姿を告白する。彼は，もともとは少年で，変身する魔法をやっと覚えたぐらいのときに，彼の一族が滅びてしまった。彼が姫に滅ぼされるとの予言があったがために，姫をさらい，また遠くへ追いやろうとした。しかし，結局予言どおり，ボックスの魔法は滅び去った。

　自由を得た姫は，アンプルとの間にも親密な関係を築く。アンプルは，いつでも村に帰っておいで，と姫を送り出す。姫は，旅に出て，ボックスから命令されていたものを，自らの意思で探し出すことができた。

6.2 アリーテ姫

『アリーテ姫』が精神病の発症とその回復過程を描いていると言われると驚くことであろう。それは作り手の意図したことかどうかはわからないが，臨床心理学的にはそのように読み取ることもできるということである。その辺のことを少し詳しくみてみたい。

6.2.1 塔の天辺

アリーテ姫の最初におかれた状況は，城の中の塔の天辺に暮らしているというものである。食事の世話をする侍女はいるが，その他の人間関係は描かれない。先に述べたように親密な他者が存在しない。このことは，言い換えれば，他者にとって姫はまことに手のかからない子どもであったということであろう。目立たない，どこにいるのかわからないような存在ということである。統合失調症の親は，患者のことを，言うことをよく聞く手のかからない子どもであったとよく口にする。親に反抗したようなことがまったくない。反抗期がないために，手のかからない子どもと認識されていた。このことを患者側からみれば，患者には自我が育たず，そのために親の言うがままになっていた。『アリーテ姫』をみると，姫は侍女に傅かれ，生活しているのであるから，自己主張するまでもなく，すべてが侍女のなすがままにされていれば生活ができてしまう。わがままを言うほどの，自己主張がなさそうである。ただ彼女のできることは，誰にも知られないようにして，街へ出て市井の生活を垣間見たり，あるいは安全な塔の上から彼らの生活を想像するだけである。

しかし塔の上の安全が突然脅かされる。他者に侵入されてしまう。つまり王の命令で魔法使いの遺品を探し出し，持ち帰った者に姫を娶らせるという約束事にしたがって，騎士たちが，魔法使いの遺品なるものを持ち帰ってきたのである。そして王の許可がないまま，騎士たちは，それぞれ独自の方法で塔をよじ登り，窓から，姫の住まいに侵入する。そしていかに苦労したかといったことを姫に語りかけ，姫の歓心を引こうとする。姫の直感は，騎士たちの振る舞いの背後に，偽善があることを見抜いてしまう。騎士たちは失意のもとに立ち

去るが、姫にとってこの体験は、塔という安全基地が、いとも簡単に他者の侵入を許す場になってしまったことを意味している。そればかりではない。姫が使っていた秘密の通路を通って、幼女の姿の魔法使いまで出現する。つまり秘密の通路も安全なものではなくなった。姫を取り巻く空間の安全性が、完全に失われてしまったのである。

　幼女の姿の魔法使いが姫に語ったことは、その姿になったときに魔法の力の源を盗まれてしまい、その姿のまま長い年月を生きながらえてきたということであった。つまり成長が停滞している。これは身体的な停滞ではあるが、魔法の力の源を探すことに固着している魔法使いの生き方は、精神的な固着も暗示する。こうした精神的な固着は、精神障害によく起こることである。そうした幼女の姿の魔法使いを目にしたのは、姫のみである。ということは姫には、その魔法使いと類似の心性があると推測できる。

　いずれにしても姫がおかれた状況は、安全基地が脅威にさらされているということである。そういうこともあり、姫は、城からの脱出を試みる。

6.2.2　塔からの脱出——出立の病

　精神科医の笠原 嘉（よみし）（1998）は統合失調症の発病において出立（しゅったつ）ということが大きなきっかけになることを述べている。笠原のあげている出立は、男性の統合失調症の場合に意味をもつとされている。それに対し、『アリーテ姫』では、姫が旅立とうとする。そして案の定、その試みに失敗する。姫が城を脱出しようとする目論見は、計画もなく、無謀な、姫らしからぬ行動である。統合失調症の発病前に、そうした普段の行動に似つかわしくない、突発した行動が起こることもよく知られている。それまでの不甲斐なさを、一気に逆転しようとする、一発大逆転の発想による行動である。しかしそれは必然的に失敗し、発病に至る。

　姫の場合をみてみよう。

　姫は、出立の企てに失敗し、ボックスに魔法をかけられ、従順な「お姫様」に変えられてしまう。王である父やその重臣たちが思い描く「お姫様」の姿に変えられてしまった。王や重臣たちは、不思議なことに、ボックスが姫を自身

の妃にするという宣告をそのまま受け取り，何の抵抗も示さない。このことは姫の行動が彼らにとっていかに常識を超えた振る舞いであったかということを意味する。つまり狂気にとりつかれていると映った。それを外見的にお姫様に見えるように魔法の力で変身させたのであるから，ボックスが姫を狂気から正常に引き戻したと王や重臣たちには映ったことになる。

しかし姫からみると，ボックスに魔法をかけられたことは，彼女の自我を失わされたということである。他者に自我が引き抜かれてしまった。これは精神病体験としてみられる被影響体験である。精神障害者は，「～される」と体験し，「～する」といった主体が，他者によって操られると体験する。姫が魔法使いによって勝手にお姫様の姿に変身させられたように。したがってここで姫が精神病を発症した，とみることができる。そしてその姫は，ボックスに連れられ，城の地下室に閉じ込められてしまう。患者が，閉鎖病棟に入院させられたようなものである。

6.2.3 援助者の存在

精神病に陥った姫に，食事番の女アンプルが語りかける。彼女は，無為の姫にするべきことを教える。それは物語を語ること，であった。結局姫は自身の物語を語り始めてしまう。こうした語りが可能であったのは，食事番という他者の存在があったからである。『おもひでぽろぽろ』では，食事番に当たる人物がカズオであった。自身のあり方を映し出す鏡の役割（つまりカウンセラーの役割）をアンプルが果たすことになった。こころが動かなくなった奥底でアリーテ姫は，「話したい」「私はここに」とつぶやく。こころは動き出したいのである。

こうして自身のあり方に目覚めた姫は，あらためて外の世界に出かけてゆく準備が整った。出立の病にかかった姫が，そのため一時的に精神病状態になり，自分独自の世界に閉じこもったとしても，自我が動き出し，外に出かけてゆく勇気と希望をもてたのである。

ところで，カウンセラー役を演じているのがアンプルであるというのは象徴的である。というのもアリーテ姫は，塔の天辺にいたときには，侍女に傅かれ，

食べ物に不自由することはなかったが，侍女は姫の母親役割を演じていたわけではなかったからである。母親が不在なままであった。そして話を聞くということで，母親役割を演じたのが，アンプルなのであった。その証拠に，姫は，ラスト近くで，アンプルの胸に顔をうずめ，甘える。体験してこなかった母親体験を，ここで得られたことになる。治療者の母親役割の重要性は，よく知られたことである。では父親イメージはどうなったのであろうか。

　父親イメージを象徴しているのが，実の父である王であり，姫を自分の妃にといってさらってきたボックスであろう。しかし彼らは，保護者としての役割に欠ける。王は，魔法使いの遺品を集めることに関心はあっても，姫の行く末にはまったく関心を示さない。つまり姫には父親イメージが欠落したままであった。

6.2.4　水

　姫が自我に目覚め，自身の行いに責任をもつようになり，他者のために行動したいと考えるようになる。そしてアンプルの住む村には水が乏しいので，それを何とかしたいと考えつく。自分のことを優先的に対処するのではなく，第三者のおかれた状況に配慮する。塔の天辺で第三者の日常生活に思いをはせた姫が，今度は，現実に彼らのために行動することを考え，実行する。それが水不足を補うという行為であった。こうした変化は，姫の心理的な発達を示唆する。

　水といった無定形のものが，姫の，解決策にあがってきたということは重要なことであろう。水の象徴していることは，無意識の力が，場合によっては，無限に流れ出得るということである。そうした無意識の力は，社会的に大きな貢献をするようにはたらかせることができる，と姫は実感する。自我を失った姫ではあったが，自身の無意識の底に無限の創造性の力があるということも発見したのであった。

6.3 魔法使い

　魔法使いは幼女の姿をした魔法使いと，老人の姿をした魔法使いボックスの2人が登場する。これらの魔法使いは，非常に長命ではあるが，皮肉なことに，幼女の姿をした魔法使いは，本来の姿から幼女の姿に変身している間に魔法の力の源を盗まれ元に戻れなくなってしまった。ボックスは，本当は，子どもである。つまり2人の魔法使いの姿は，いずれも仮のものであり，本体ではない。こうした本体ではない姿の登場は，本体と仮の姿の二分法が明確であるあまり，相互に行き来できなくなっている状態を示している。もう少し具体的に考えるならば，理想的イメージと現実的イメージとの間の乖離が大きすぎて，両者の間の交流が成り立たなくなった状態を示している。これまで分身ということでアニメーション世界を論じてきたが，ここでの魔法使いはいずれも本体ではなく，分身がそのまま本体になってしまった，ということである。仮のイメージが本体を被ってしまった。こうした状態も，自我がはたらいていない状態である。いずれも仮のイメージに固着し，成長しないで，停滞したままであるので，精神病状態の一つの姿を示しているともみることができる。なぜならば，彼らはその姿のまま，物語の中では数世代は生き続けてきているのであり，相当長い年月の間仮の姿のままであった。もしそれほど長い年月の間仮の姿のままであったならば，その年月の風雪の中で，仮ではなく，本体になってもよいと思うのだが，そうはならなかった。幼女の姿の魔法使いは，このまま死んでゆこうと諦めの言葉を発するのであるから，最後には自身の姿を受け入れたのかもしれない。それにしても仮の姿で生き続け，本体に戻りたいと願い続けた，ということは，過去の姿に固着し，先に進めなくなっていたということである。『おもひでぽろぽろ』について語った第3章で，タエ子の，小学5年生の頃の自分の記憶にこだわり，記憶を再生し，そのときの気持ちをありありと再体験して受け入れるという作業を通して，未来への歩みを始めた，というエピソードを紹介した。それはもしタエ子が小学5年生の出来事にこだわり続けるならば，先に進めなかったであろうことを暗示している。そしてそのことが描きこまれているのが，ここでの2人の魔法使いとみることができる。とくに，ボッ

クスは，まさに無為に過ごし，何の生産的な活動も行わないのである。

　ボックスの無為は，魔法にかけられたアリーテ姫が無為のままに過ごすのと同期している。そして姫が自我を目覚めさせ，自分の意思で動き出し始めると，それに対応してボックスのほうにも動きが訪れる。それまで城を出たことがなかった彼が，村のアンプルのところへ出かけ食事を作れと命令する，といった行為を示す。一人城に閉じこもっていることができなくなったのである。そして，姫のはたらきで，村に水が豊かに流れるようになると，ボックスはそれまでの不遜な態度を保ち続けることができなくなり，自身の本当の姿を姫にさらけ出し，子どものときに変身の魔法を習っただけだった，と打ち明ける。ボックスは自己開示ができ，本当の自分の姿に直面化した。

　このように姫が自我に目覚め，出立に向けて動き出すと，それにかかわりをもったボックスにも変化が生じる。それほど，一人の意識の変化は，それにかかわる者の意識の変化にも影響を与えるということが分かる。そうはいってもボックスは，土砂に埋もれてしまった魔法の杖に付いていた水晶球を探し出そうと泥を繰返し掘り続けるのであるから，過去の思いに囚われ続け，先に進めないままではある。ボックスの意識が過去に停滞し続けるにしても，無為の生活はもう維持することはできない。探すという活動をしなければならないのであるから，少なくとも閉じこもりの生活を脱したことにはなろう。

6.4　停　滞

　アリーテ姫が陥った精神病状態は，意識が先に進まず，停滞している状態である。こころが動かず，何も感じない。そうした中，アンプルの語りかけによってわずかにこころが動き始め，やがては自身の過去を思い出し，未来に向けて動き出す。こうした姫のこころの動きは，王である父をはじめとして城の重臣たちには，異端にみえた。というのも彼らは，魔法使いの遺品を探し求めることを使命としており，それは彼らが過去に停滞していることを暗示するからである。そのせいか王は，騎士が，姫との結婚の約条となっている魔法使いの遺品を持ち帰ってもまったく表情を変えない。感情の動きがないようにみえる。

『パーフェクトブルー』の章（第1章）で述べたように，霧越未麻は，アイドル歌手から役者へという職業の転向を試みているとき，アイドル歌手のイメージが分身として立ちあがり，役者としての未麻の活動に干渉した。アイドル歌手といった過去に囚われ先に進むことを妨げたのが分身であり，分身は過去に停滞していた。こうした分身を滅ぼすことで未麻は職業の転向を成し遂げたのであった。つまり先に進むことができた。一方アリーテ姫は，停滞していたのは彼女を取り巻く環境であった。したがって姫が先に進むためにはその環境を脱する必要があった。ボックスが姫を空飛ぶ乗り物に乗せて自分の城に連れ去る行為は，まさに脱出のための一つの手段であった。姫がボックスに魔法をかけられ，こころが動かない状態にされていたとしても，である。それほど環境を脱するという行為は危険に満ちていた。出立の病，と呼んだ理由がそこにある。姫のこころの状態は，おかれた環境との相互作用でもあった。

通常，女性のこころの発達において，家庭を築き，子孫を残す巣ごもりが危機となると考えられていた（笠原，1998）。もしアリーテ姫においても巣ごもりがテーマになり得るならば，自身の育った城に戻り，そこでの巣ごもりを考えてもよいと思う。しかし，姫はそうしなかった。つまり巣ごもりが，姫にとって発達的テーマになり得なかった。城に戻って巣ごもりをすることは，城全体がもっている停滞に再度染まることにもなる。そのため姫には，男性同様に，社会に出てゆく出立がテーマとなった。こうしたテーマの選び方の中に現代女性のおかれた困難さがあるように思える。それをこの作品がうまくすくいとっていた。

6.5 おわりに

『アリーテ姫』は，現代の青年期の女性がおかれた出立のテーマを扱い，社会に出てゆく際のこころの危機をすくいとって，象徴的に描いてみせた。姫は出立の病として精神病状態に陥り，こころも体も動かない無為自閉の状態となった。そうした中，姫は地下室が殺風景なのに対し，魔法を使って壁に模様を描き，刺繍を始め，物語ることを始める。つまり自分のいる環境を整え，軽作

業を行い，その後でこころを動かすことをした。こころを動かすためには，環境調節，体を動かすといった準備状態が必要であったということである。こうしてこころが動き始めると，やがて自我が目覚め，自分のおかれた状態を明確に意識できるようになった。自我が目覚めた後は，自身の行うべき行為が，他者に尽くすことであり，それが喜びになり得るということを知る。そして現実に他者のために行動し，他者の喜ぶ姿に接し，自己達成感が生じた。人格の発達は，こうした自己達成感を得ることによって叶えられ，さらには社会に向かって出立する前向きな姿勢が生じた。このように『アリーテ姫』では，精神病状態から脱する過程が描かれていたのである。

7 「自分を壊してしまいたい」
——自傷

　よく知られたキャラクターである鉄腕アトムは，原作の漫画ではすぐに壊れてしまうように描かれている。頑張りすぎて，力尽きて，手足をもがれてしまう。普通ならば余力を残して活動するものであろうが，そうしない。それは，誰かがすぐ直してくれるからである。傷ついても，傷ついても，満たされない心がそこにはあるかのようであり，現実に自傷を繰り返す若者たちに通ずる共依存があるようである。

　ネガティブなテーマのように思われがちな自殺もアニメーションで描かれることがある。たとえば，『カラフル』では自殺企図者が自身を再生させるまでが描かれている。どのようにしたらこころが再生されるのであろうか。作品の中では，自身のこころの動機に気づき，それを受け入れ，家族と共有することがこころの再生につながると説明されている。

　ここでは『鉄腕アトム』について論じることで，現代の若者の心理の一側面を明らかにしてみたい。

7.1 はじめに

　『鉄腕アトム』はよく知られた手塚治虫作品で，関連書籍も多く出版されている。中には手塚治虫の初出の原稿と後に手を加え単行本に収められたものを比較検証したものもある（野口，2002；小野，2008）。そして，『鉄腕アトム』の備えている基本的な特徴はすでに述べつくされているかのようにも思われる。たとえば，竹内（1992）は『手塚治虫論』の中で『鉄腕アトム』について，主人公が死んでしまう「悲劇性」，ロボットの自立と人間への不信，そしてその後の出口のない閉塞社会について語っている。こうした社会についての表現には，作品が描かれた当時の学園紛争の嵐などの社会現象が影響を与えていると

いう。漫画評論家米沢嘉博（2007）は同時代的に体験した『鉄腕アトム』の気持ち悪さを語り，その原因として怪奇映画や探検映画，ミステリー，ホラーが『鉄腕アトム』の作品世界の雰囲気づくりに預かっていたと説明している。桜井（1990）は『手塚治虫』の中でアトムが幾度も破壊されることを発見し驚いたと語り，人間のロボットに対する差別，蔑視，軽視が語られていると指摘する。このようにアトムを強いヒーローとしてみるのではなく，悲劇性を備えたものとしてみることで，そこに社会問題や社会の矛盾が織り込まれていると読み解いてゆくものがあり，個人的な漫画体験をあらためて解き明かしてゆくものもある。

　以上のように『鉄腕アトム』についてはさまざまに述べられてきているにしても，『鉄腕アトム』のすべてのエピソードについて，その内容の継時的な変遷を調べてみるとこれまでに語られなかった新たな側面が明らかになるように思える。すなわちアトムの誕生から終了までの時間的な流れを，アトムの心理的な変化という側面からとらえてみるということである。こうした方法は，『鉄腕アトム』のすべてのエピソードを，一つの症例の記述とみなし，その継時的な心理的変化をとらえようとする臨床心理学的方法の応用ということになろう。

7.2 アトム誕生のエピソード

　『鉄腕アトム』の主人公アトムは，よく知られたように，息子のトビオを交通事故で亡くしたために狂気に陥った天馬博士が，子どもの代理として作ったロボットであった。天馬博士は，アトムが誕生したそのときには歓喜した。そしてアトムとの生活を，息子との生活が復活したかのように，しばらくの間は満喫した。しかし，天馬博士は，やがてそのアトムを憎むようになる。その経過はいずれにおいても簡潔に表現されている。手塚治虫文庫全集に収められた「アトム大使の巻」（初出1951年）では，アトムを買いとったサーカスの団長が経緯を語るという構成になっている。それによれば最初は喜んでいた天馬博士はやがて「恐ろしい欠点に気がついたのでした」「それはトビちゃんが成長

7.2 アトム誕生のエピソード

しなかったことです」「博士はかえってそのことをにくみました」と語られる。『アトム今昔物語（下）』（初出 1956 年〜1969 年）では，アトムは「人間のこどもたちとよく遊び……」「だれがみてもどこからみてもふつうの子どもと同じだった」「たったひとつの違いをのぞいては……」「その違いとは……」「いつまでたっても背がちっとものびないということでした」と語られる。ここまでの語りはすべてト書きに書かれているものなので，天馬博士の直接的な発言ではない。

しかし「アトム誕生の巻」（初出 1975 年）では，ト書きで「しかしやがて博士はおそろしいミスに気がついたのです！ロボットの飛雄はとうぜんいつまでたっても大きくならないのでした」と書き，博士がアトムに向かって「ただの人形じゃないか畜生め　こいつはおれの息子じゃない」「出ていけ！このバケモノめ」と暴言を浴びせる。天馬博士が直接アトムに声を浴びせる表現は，「アトム大使の巻」（講談社漫画文庫版，2002）にも見出される。前記の「アトム大使の巻」と一部同じ絵が使われ，一部新たに追加され，描きなおされたものである。ト書きではなく天馬博士が「いつまでたってもおなじままだ　大きくならない」「おまえは……おまえはトビオじゃない　やっぱりロボットだーっ」とアトムに向かって直接怒りをあらわにし，さらに「こいつめっ　こいつーッ」とアトムを叩く。「アトム誕生の巻」に比べても天馬博士の暴力は過激になっている。

以上のように，アトムの誕生にまつわるエピソードは描きかえられるに従って変化していった。つまり，はじめではサーカスの団長の語りとして間接的に描かれ，それがト書きによって説明されながら経緯が語られるようになり，やがて天馬博士が直接アトムに暴言を吐き，暴力をふるうように変化してきた。それと並行して，はじめは「成長しなかった」と語られていたが，「背がちっとものびない」と背丈の問題になり，そして「大きくならない」「いつまでたってもおなじまま」というように同じだということが問題視されるように変化していった。

いつまでも同じまま，ということを言い換えれば停滞ということである。こうした停滞の事態が，こころの展開の中においてあり得るのであろうか。それ

は精神障害に認められる事態である。とすると，こころが停滞する『鉄腕アトム』は，精神障害のこころの問題と相似する。ただ，そうはいうものの『鉄腕アトム』は原作者によって描きかえられることが多いので，アトムの誕生場面の比較だけからでは一般化することはできない。そこで作品に描かれた内容について継時的な変化をより詳細にみてみたい。

7.3 アトムにおけるアイデンティティの混乱

　さて繰返しになるが，息子を失った天馬博士が狂気に駆られ，死なない身体として作り上げたのがアトムだった。そして天馬博士に虐待され，売り払われた（要するに捨てられた）のがアトムであった。

　このアトムが「アルプスの決闘の巻」では，「ぼくたちロボットと人とのちがいはロボットがあまりに無神経で心のうるおいがないことだと思います　それは……」と語り，人間より劣っていることを悩む。こうした劣等意識の自覚とそれに悩むことは，自我の目覚めを意味し，自分とは何かに悩む青年期のアイデンティティの危機に対応しているように思える。ロボットであるアトムがアイデンティティに悩むというのも奇妙に思えるが，何か劣っているという自覚は，アイデンティティの問題である。

　さてアトムは人間と同じこころをもちたいとお茶の水博士に改良を頼むが，お茶の水博士は「アトム　おまえは弱虫アトムになってしまってもよいのか？」とアトムに語りかける。結局，アトムはお茶の水博士に改良してもらい人間らしいこころを手に入れ，恐れを感じるようになり，結果的に悪人と戦うことが怖くてできなくなってしまう。アトムの言う人間のこころとは，恐れを感じるということであった。

　ではなぜ恐れを感じることが人間のこころなのであろうか。喜び，悲しみ，愛しみといった感情もあるだろうが，恐れに特化して人間のこころが語られている。これは，アトムが生みの親天馬博士に虐待され，捨てられたことに関連しているのではなかろうか。つまり，もともと愛情に満ちた家族の中で育てられたわけではないアトムには，捨てられ恐怖が潜在し，そうした捨てられ恐怖

が恐れの感情を人間のこころだと判断させているのであろう（自分にはないものであって，人間に備わっているものとアトムは理解しているのであろうが，自分にないものを理解するためには，少なくとも以前のアトムにはあって今はないと意識できるべきものであろう）。

　大人の姿のアトムが登場するエピソードもある。「盗まれたアトムの巻」では，アトムが大人になる実験が試みられようとするが，それを聞いたアトムは「ぼく……おとなになんかなりたくないんです　このままでいたいんです」とお茶の水博士に訴える。しかし実験が実施されてしまう。アトムの体は，悪人に盗まれてしまい，大人の姿になったアトムが，盗まれたアトムの身体を追う。そして大人の姿のアトムが，アトムの本体の身体を破壊してしまう。なんとも象徴的な話である。

　大人のアトムが子どものアトムを破壊するということは，大人と子どもの間で断絶があるということであろう。アトムが子どものままでいたいと主張したように，大人にはならないのがアトムである。ここに停滞というテーマが認められる。さらに子どもと大人の間に連続性がないということはアイデンティティの連続性が維持されないということを意味している。過去と現在の間の連続性が保たれない自己では，アイデンティティの確立が損なわれる。『おもひでぽろぽろ』を参考に，この点についてはすでに触れた（第3章参照）。そのためアイデンティティの拡散が起こる。これを暗示するかのようにアトムは「宇宙放送の巻」で幻覚を目にし，その世界に入り込んだようになり，現実世界から遊離してしまう。アトムの見た幻覚は，宇宙人からの宇宙放送をアトムが受信したためであったが，幻覚を見たということは，アトムのアイデンティティの混乱を示し，狂気に陥ったことを暗示する。さらに「青騎士の巻」では，人間に不信感をもち，人間と戦うアトムが描かれる。

　このようにアトムは自己自身を破壊し，狂気に陥り，人間に敵対した。アトムは自己自身のアイデンティティを保つことが困難になった。そして「青騎士の巻」のラストではアトムは破壊され，再生は難しいとお茶の水博士が気を落とす。アトムは死んでしまったのである。

　こうしたアトムの展開について，中野（1995）は，テレビアニメーションの

『鉄腕アトム』の放送開始と関連していると指摘している。彼によれば，『鉄腕アトム』は高視聴率をあげ，大ヒットしたが，手塚の考えつかなかったような展開を示した。もともと6人の仲間で始めたアニメーションの制作が，毎週1本作り続けるといった過酷な状況に変化し，そのため多くの人材が集められ，また手塚の原作もみる間に底をつき，戦いを中心にした正義の味方アトムを描いた新しい台本をシナリオライターが生産するようになった。それで手塚の意図しないアトムが活躍するようになった。こうしたことが「青騎士の巻」でのロボットと人間の戦いに現れているというのである（手塚自身は，後述のように，別の理由をあげているが）。完全主義者の手塚にとって，自分がコントロールできない『鉄腕アトム』というアニメーションは，ロボットに対して攻撃を仕掛ける人間たち，そしてそうした人間たちに憎悪を向ける青騎士に投影される。すなわち，アニメーションスタッフがアトムを追いかける人間たちの象徴であり，制作にかかわれないアニメーションに憎悪を感じる手塚が人間に反旗を翻すアトムに象徴されているということなのであろう。そしてこうした状況下でアトムは，完全に壊れてしまったのである。とするならば，手塚の分身であったアトムを，手塚は完全に自分とは関係ないものと宣言し，縁切りしたい気持ちがあったということなのであろう。それにもかかわらずアトムは再生された。

　アトムを再生させたのが，天馬博士であった（「アトム復活の巻」）。その目的はアトムを世界の王にすることであった。天馬博士の世界の王という発想は，あまりに唐突であるばかりでなく，あまりに誇大である。再生したアトムは記憶を失い，過去の人間とのつながりをまったく失っている。そしてアフリカにロボットの国を作ろうと思いアフリカへ行く。そこではロボットだけの世界を作るという誇大な思いにとらわれた宇宙人からのメッセージがアトムを待ち受けている。アトム自身に関係なく，周囲の者たちが誇大な思いをアトムに植え付けようとする。世界の王，ロボットだけの世界という妄想が語られているとみることができる。

　もともとアトムを作った天馬博士の狂気は，息子を生き返らせることを意図したのであったが，その狂気は，アトムを世界の王にするといった誇大な考え

（妄想）にまで広がってしまっていた。さらに「ミーバの巻」では，復活したアトムに不満を抱く天馬博士は，過去の時間を再現することのできるミーバを使って，アトムが誕生した過去に戻り，新たにアトムの誕生に立ち会おうとする。天馬博士は「わしはなアトムをもう一度ふりだしから育てたいんだ　だから生まれたばかりのアトムがほしいんだ」と言い，同じ子を，繰返し，一から育てようとする。しかし当然のことながら失敗する。

　以上みてくると，虐待され捨てられたアトムは，自分は人間の心をもたないと劣等感に悩む。そしてそのアトムは，自己破壊し，幻覚を見，すべての人間に対して敵対するようになった。アトムにとって社会は自己を圧迫するものとなった。こうしたアトムにとって，自己破壊は自己確認の一つの手段となっているかもしれない。そして幻覚を見ることで外界が変容し，自我が障害される。人間全体がアトムの敵になり，アトムの自我を害するものが，人間社会全体となった。そして結果的に再生できないほど破壊しつくされてしまうのであるから，アトムのアイデンティティの連続性が断絶する。そしてその反動として，世界の王といった天馬博士の考えが登場する。世界の王というのはまさに妄想世界そのものである。

7.4　人間不信に至るまでのアトム

　「青騎士の巻」のアトムに手塚のおかれた状況が投影されているにしても，アトムが，人間全体に敵対し，人間不信に陥るのは，それなりの経過がある。その経過をみてみよう。

　まず，「ロボット宇宙艇の巻」では，アトムは自己を犠牲にして他のロボットを救おうとする。「悪魔の風船の巻」では，アトムの姿をした風船が爆発して傍にいた子どもたちを傷つけたため，本物のアトムが恐れられ石を投げつけられる。アトムは人間に理不尽な非難を浴びせられる。「地球最後の日の巻」では，宇宙から来たベムは，自身が地球を破壊する兵器なのであるが，むしろ地球を救うために，地球に接近する衛星を自ら犠牲になって爆発させる。一人が地球全体を救うのであり，一人の力がそれだけ強大であり，また地球規模の

災害を阻止する力は一人の全能感であることを暗示している。ベムとかかわり，ベムのこころを動かすのがアトムであるから，その全能感はアトムのものでもある。

このようにアトムで描かれる内容は，自己犠牲，非難，全能感と変化する。さらにこの後の「盗まれたアトムの巻」では，前記のように，子どものままでいたいとアトムは望むが，子どもの姿のアトムが盗まれ，大人のアトムに破壊されるといった自己破壊が描かれていた。「宇宙放送の巻」では，宇宙からの放送でアトムが非現実的世界（自閉的世界）に入り込んでしまう。「青騎士の巻」では，アトムは人間に反旗を翻す（行動化）のであった。つまり，自己犠牲，非難，全能感が描かれた後で，さらに自己破壊，自閉的世界，行動化へと進展している。全能感で示される肥大した自己が，そのまま保たれるわけではなく，自己破壊を経過し，自閉的世界への閉じこもり，さらには圧倒的で一方的な非難に対して対抗してゆく行動化が現れてきた。

自己犠牲，非難，全能感，自己破壊，自閉的世界，そして行動化という変化の中の，自己犠牲と自己破壊は，同じ傾向を示している。つまり自己を犠牲にして他者を助ける自己犠牲は，まさに自ら進んで自身を破壊に導くので自己破壊の側面をもっている。非難と自閉的世界も，やはり同じ傾向を示しており，非難は外部からの故ない自己への侵入であり，宇宙からの放送によって幻覚を見せられた（自閉的世界への没入）ことは，やはり外部の力の自己への侵入である。全能感と行動化は，社会へのはたらきかけが暗示されている。つまり自己を破壊する行為，自己世界に引きこもらなければならないほど社会からの圧力が高まり，それを押し返すかのように過剰な行動（地球を救う，あるいは人間を敵にする行動）が起こる。

こうした行動化の結果，先に述べたように，「青騎士の巻」のラストで，アトムは修復不能なまでに破壊されてしまった。それを天馬博士が修復し，世界の王にすることを妄想したのであった。

アトム個人が妄想構築するのではなく，周囲の登場人物とアトムが連動して，物語世界を妄想的世界に進行させてきている。精神科医の濱田（2002）は，妄想形成においてまず人格発展の屈折，あるいは何かが失われ低格化したという

自覚・自責，それと内的な束縛感を感じるという。アトムは，人間からロボットにという扱いの変化を体験し，人間がもっている心をもっていない，つまり何かをもっていないがために人間より低格であると考える。こうしたアトムに人格変化があったと理解することもできるであろう。濱田は次に神経症期をあげる。この時期には症状が「現実生活の障害やコミュニケーションの障害として現れる」（濱田, 2002, p.252）と述べている。濱田があげているものはさまざまであるが，アトムでは，自己犠牲，非難，全能感，自己破壊，自閉的世界，そして行動化がみられていた。これらはすべて現実生活やコミュニケーション障害の側面をもっている。さらに自我障害が進むと妄想が生じると濱田は指摘する。アトムにおいて物語全体が妄想世界を語っているようになった。このようにみてくると，アトムの物語には精神障害者の体験並びに妄想構築の経過が描かれていたことになる。

7.5 分身のアトム

ではアトムの物語における精神障害者の体験，妄想構築の経過は，作者の手塚のどのような心理を背景としているのであろうか。手塚（2002）は「アトムは，実の息子のように，いや，それ以上にぼくは好きです。なぜならアトムは戦後20数年をぼくの分身として，おなじような体験をし，おなじように育ってきたからです」と述べ，自身の分身であると明言している。ということは，アトムに手塚の一面が反映されていることであろう。

作者と生み出したキャラクターの関係に分身をみるのは，手塚ばかりではない。それは手塚が尊敬していたウォルト・ディズニーとミッキーマウスの間にも認められる。ディズニーにとってミッキーマウスは分身であった（横田, 1996）。ミッキーマウスは，郊外でヤンチャをはたらくネズミであったが，徐々に体全体に衣服を身に着けるようになり，また状況に応じて着替えるようになる。こうした衣服を着替えるということは，ミッキーマウスが人間になったことを象徴している。それと同時に，ミッキーマウスはヤンチャができなくなり，ミッキーに代わってドナルドダックがヤンチャ役を引き受けるようになっ

た。このようにミッキーマウスがディズニーの分身であったが，その分身は，有名になるに従って，ネズミから人間に徐々に変化していったのであり，最終的にはディズニーランドのシンボルにまでなった。ディズニーの名前が世界的に有名になるに従って，ミッキーマウスに人間化が起こったのであった。これに対し，手塚の分身であるアトムは，背が伸びたり縮んだりする。手塚 (2008) によれば「だいたい二，三年おきにかわっています。だんだん伸びていってすごくスタイルのいいアトムになる時があり，それから急にまたチンチクリンになるのです。ふしぎなことに背が伸びていけばいくほどアトムの反響は落ちていく。話をおもしろいものに描けない。それで，これではうまくないと思って，あわててチンチクリンにすると，またぐっと読者がよろこんでくれる。なぜこうなるのかわからないのですが，子どもはアトムに一つのエンゼルか妖精的なものをみているのでしょうか」ということになる。アトムの背が伸びたり縮んだりするのは，成長を意図したものではなく，読者の人気によるものだというのである。ミッキーマウスが，人間化の過程を進んでいったのとは明らかに違った進化を，アトムは示している。それを反映するかのように，手塚は，アトムが分身と発言している一方で，アトムに批判的な発言もしている（竹内，1992）。アトムは手塚にとってアンビバレントな対象であった。

　しかし，手塚の発言をもう一度よくみてみよう。彼はアトムの背が伸びたり縮んだりするのは「2，3年おき」と言っている。この2，3年というのはどういうことであろうか。これは読者の側からみれば，アトムの読者が2，3年で交代しているということであろう。つまり2，3年経つと読者がアトムから離れてゆき，それより低年齢の子どもたちが新たな読者になるということであり，その交代した新しい読者の年代に合わせてアトムの背丈も低くなったということであろう。言い換えれば手塚がどんなに一生懸命子どもたちを楽しませようと努力し，年代が高くなる読者に合わせてアトムの背を伸ばしても，読者の関心を引きとめられなかったということである。繰返し若返らせざるを得ない状況があったのである。これではアンビバレントにならざるを得ない。

　こうした手塚と読者の関係は，アトムと人間の関係にも反映されている。つまりアトムがいくら人間のために努力しても，人間からの反応は冷たく，それ

までのアトムの多大な功績はまったく忘れられたかのように石をぶつけられたりする。人間は薄情である。アトムは人間に対して常に割に合わない努力をしている。アトムの努力をいつか人間が認めてくれると信じているかのようである。しかし「青騎士の巻」にみるように，現実はアトムを圧迫するものであった。無情の読者が手塚を圧迫するように。

7.6 アトムの行動特徴

　さて，先に述べたように，アトムに対する天馬博士の攻撃性は徐々に過激になっていった。このことはアトムの行動にも同様にあてはめられる。そこで3つの時期に分けてアトムの示す行動特徴を調べてみよう。

　初期作品では，煙の侵入によって人間が狂わされ（「気体人間の巻」），アトムは部下の人間の行動を制止できない決断力不足を示し（「火星探検の巻」），周囲からアトムは狂ったと思われ（「コバルトの巻」），怒られると我慢できないと言い張り（「電光人間の巻」），落ち込んで父親からノイローゼと思われる（「アトラスの巻」）。

　中期作品では，アトムは家出し（「キリストの目の巻」），「いいかげんにやめないか」と叫び（「ガデムの巻」），エネルギーを使い果たしてしまい（「地底戦車の巻」），人間のために尽くすのは今だと思い（「人工太陽球の巻」），悔し涙を流し（「宇宙ヒョウの巻」），お茶の水博士に面と向かって狂ったかと言われ（「透明巨人の巻」），怒られたアトムは硬直してしまい（「アトム対ガロンの巻」），アトムは人間に石をぶつけられる（「悪魔の風船の巻」）。

　後期作品では，アトムは他所の家にいきなり壁を壊して飛び込み（「ロビオとロビエットの巻」），子どものアトムを大人のアトムが破壊してしまい（「盗まれたアトムの巻」），狂ったようにウランと一緒に暴れ（「宇宙放送の巻」），百万馬力に改造された後に一時的に狂い，そしてアトムには「ばけものじゃないか」という人間の声が聞こえ（「地球最大のロボットの巻」），壊れたアトムは天馬博士に復活させられ（「アトム復活の巻」），アトムは壊れてしまい（「一億年前の犯罪の巻」），アトムは相手のロボットに向かって「わからずやっ」と

言い，お茶の水博士は死んでしまい，その後博士は復活する（「ゾロモンの宝石の巻」）。

アトムの行動は初期，中期，後期と経過するに従って徐々に衝動性が増し，過激になってゆき，忍耐心が失われてゆく。「わからずやっ」と相手を非難しながら攻撃するようになるのである。またアトムは当初は決断力に欠けていたが，中期には自分の意思で行動するようになり，そして後期では意志的な行動の結果壊れてしまう。さらに，初期にはお茶の水博士は壊れたアトムを修理する保護者であったが，中期では自分の意思で行動するアトムを非難することになり，後期には死んでしまい，保護者ではなくなってしまうという変化も同様に起こっていた。

では現実の保護者であるべき家族はどうであったのであろうか。アトムの家族は学校の友だちがアトムに代わってお茶の水博士に訴えたので，作られた（「気体人間の巻」）。両親がアトムのことをきっかけに夫婦喧嘩を始めたのでアトムは家を出てしまい（「コバルトの巻」），壊れてしまったアトムの身体の修理のために，兄コバルトと妹ウランは自分たちの部品を使ってほしいと申し出（「悪魔の風船の巻」），両親はアトムに助けられる（「青騎士の巻」）。

アトムの家族全員は，アトムより後に生まれたのであり，アトムの保護者としての役割に乏しく，むしろアトムに助けられ，また一方で兄妹はアトムの機能を回復させる代用部品であった。とするとアトムの家族は，アトムを保護し，養育する役割を担っておらず，その機能が崩壊していたことになる。

このようにアトムはお茶の水博士という保護者を失い，家族はその機能が崩壊していた。アトムが，お茶の水博士からも家族からも離れ，孤立化してゆくのが物語の流れなのであった。

7.7 おわりに

アトムで描かれた世界には，生みの親に捨てられた子どもの愛情喪失があり，家族全員がアトムを頼りにする依存があり，崩壊家族が認められた。そうした中での成長しない子どもの物語であった。周囲との関係が失われ徐々に孤立が

7.7 おわりに

深まり，自己中心性が高まる物語でもあった。アトムは，感情表出が衝動的で，怒りの統制ができない子どもでもあり，攻撃性は徐々に過激になっていった。まさに忍耐心のないものであった。こうした世界の中でアトムの示す行動は，精神障害の進展に対応したような展開を示していた。すなわち人間からロボットへの価値の引き下げ，自己破壊や閉じこもりといった行動，そして妄想構築であった。『鉄腕アトム』の世界は，実に不安定なものであった。

　では，アトムの世界の今日的意味はなんであろうか。家族が安泰であるというイメージを提供し続ける長寿テレビアニメに比べ，アトムの家族は不安定で，アトム自身も不安定であった。アトムの示す衝動的で暴力的な行動，ならびに自己中心性，忍耐心の乏しさや家族の崩壊，愛情喪失などは，今日的なアニメーションなどの映像メディアの世界に多く描かれるものでもある。アトムの世界は，今日の映像メディア世界の原型を，見事に先取りしているとみることができるのである。そしてアトムの示した行動パターンは，境界例心性として語られることが多いものとダブっているように思える。

注）本章は日本大学文理学部人文科学研究所研究紀要（2011）に掲載された論文に加筆訂正を加えたものである。

8 「家族っていいね」
——支え

　毎週日曜日にテレビで放映されている『サザエさん』は，いまだに高視聴率を維持している人気番組である。『サザエさん』に描かれている生活は，今より少し前の時代で，電話は黒電話，御用聞きがいて，例外的につけられていることもあるが基本的にはテレビはついていない。基本的には家族はそろって食卓につき，ほとんどの場合一斉に食べる。家族の会話は食卓で行われる。懐かしいと感じさせる場面である。こうした時代があった，昔はよかったという郷愁を感じさせる。

　郷愁を感じさせるような設定は，日本人に好まれるようである。たとえば，映画『ALWAYS 三丁目の夕日』のように，昭和30年代を再現したような作品がヒットしたことからもわかるだろう。この懐かしさは何か，といえば誰もがもつ記憶の断片に重なるものであると同時に，将来に希望をもって前進していた時代としてとらえられることにもつながる。われわれの人生は，必然的に多様な変化の中にある。明日のことはどうなるかわからないといった状況の中で生活している。しかし『サザエさん』で描かれる生活は，将来に対して希望をもっていた時代に固定され，時間経過に伴った家族構成の変化はなく，毎日がほとんど同じように経過する。生活の普遍性が特徴なのである。この変化しないということが，いつ見ても安心，と思わせるのである。それでも，声優が高齢化し，亡くなるといったことも起こり，普遍性が損なわれそうになるが，引き継いだ声優の声もすぐその世界に馴染み，いつのまにか長らく演じ続けているかのようになっている。

8.1 『サザエさん』の原作

　さて，あらためて言うまでもないが，『サザエさん』は誰もが知っている国

民的アニメーションであるが，もともとは長谷川町子の4コマ漫画が原作である。漫画は昭和 21 年から新聞で連載された。テレビでの放送開始は昭和 44 年 10 月 5 日で，当初はアメリカの『トムとジェリー』を意識したドタバタコメディのスタイルを意識したものとなっていたという（『アニメ　サザエさん公式大図鑑　サザエでございま〜す！』(2011)）。昭和 54 年 9 月 16 日には最高視聴率 39.4％を記録したこともあった。つまり漫画の『サザエさん』とテレビで放映されたものとの間には 23 年の開きがあり，時代の変化が起こっていた。

　漫画の『サザエさん』では，たとえば，マスオは「ノイローゼ」と言われ精神安定剤を飲んでおり，サザエに悪戯されて下剤を飲まされたりする。他にもサザエさんは，ガス器具がまだ珍しかったのであろう，ガスで火を使うのが怖くて，店屋物をとるということもあった。ご飯を炊くのに失敗したりもする。つまり漫画のサザエさんは，けっして，周囲に配慮し，マスオを夫としてたてるような良妻賢母を代表したものではない。むしろ，ギャグのために夫をだしにするようなところがある。また，営業不振から首つり自殺を図ろうとしているところをワカメがたまたま目にしてしまうほど世相は苦しかったりするし，子どもが塾から帰ってくるのを両親が待っているといったことも活写されている。漫画では時代相を取り込み，笑いを誘っていた。

　これに対しアニメーションでは，初期のサザエさんのキャラクターは原作に沿ったものであるにしても，やがて丸味を帯びたものに変更され，かわいらしい特徴をもつようになった。『サザエさん』の紹介本（『アニメ　サザエさん公式大図鑑　サザエでございま〜す！』(2011)）によれば，1 本の話の中で原作の 1 本を使うようにし，使用した原作は 2 年以上再使用しないように間隔を空ける工夫をし，『サザエさん』の原作のもっている雰囲気を大切にしているという。しかしながら，原作のもっていた世相を風刺するといった側面は削除されることになり，ワカメが目にしたような自殺企図のような生死にかかわるものや受験地獄といったような時代背景は消去されてきている。むしろ家族の団らんが中心となっている。その中で，カツオの試験の得点の低さや悪戯が，父親の怒鳴り声の対象になることはあるにしても，家族は平穏無事である。そればかりでなく，サザエさんの家族は周囲への配慮を張り巡らし，こころのつな

がりを大切にしている。

8.2 『サザエさん』の茶の間

　アニメーションの『サザエさん』の特徴はなんであろうか。それは茶の間での家族の着席位置によって表されている。父親の波平が，正面奥に一人で座り，その左にフネとサザエが座る。正面手前に後ろ向きで子どもたちが，左からタラちゃん，ワカメ，カツオの順で座る。そして右側にマスオがサザエと向き合うようにして座る。これが基本的な着席位置である。波平が不在のときには，そこにフネが座り，フネがいないときにはサザエが座るというように，年長者の位置は，その場の人物構成によって異同があるが，奥に年長者が座るという基本ルールがある。これに対し，子どもたちの座る位置には異同はない。

　また座布団の使用に関してもルールがある。こたつにあたるとき大人は座布団を敷いているが，子どもたちは敷いていない。マスオは座布団にあぐらをかいて座るが，マスオの前でサザエは座布団なしで正座する。フネは正座して座布団の上で裁縫をしているが，その前のサザエは座布団なしでやはり正座する。波平とフネとの間では，波平は座布団を敷いているが，フネはない，といった関係が示される。こうした座る位置ばかりでなく座布団の使用が暗示していることは，家族での階層構造が明確に維持されているということであり，男性をたて，年長者をたてるといった安定した家族であることである。

　さらに，安定した家族であることは，座る姿勢や立ち姿にも表れている。子どもであるカツオやワカメは，食卓に正座して座り，タラちゃんまでもが正座である。子どもたちが友だち同士で，学校で，道で，さまざまなところで立ち話をするが，それらの場面で彼らは足を揃えて立つ。立つときにもキチンとした立ち方を示す。カツオはさまざまな悪戯をするが，それであるにもかかわらず正座し，足を揃えて立つ。実に行儀がよい。こうした姿勢のよさが示していることは，やはり安定した家族ということである。カツオやワカメが床に就くとき，枕元にキチンと畳んだ衣服が用意されていることにも，彼らのしつけが，行き届いていることが暗示される。

第8章 「家族っていいね」――支え

　ここで注目したいのが，安定した家族の維持に，思春期・青年期の子どもが登場しないということである。カツオは，悪戯をしても，まだ親の権威の中でしつけを受ける年代であり，思春期・青年期における「自分とは何か」といった問いが始まる前の年代にある。一方，サザエはすでに結婚し，子育てをする年代にあるとはいえ，親と同居し，子ども役割を演じることもある。マスオは，自己主張するわけでもなく，嫁の一家と仲良くできている。家族の構成員のそれぞれが自己主張し，我を張るような年代でも，そうした家族構成でもない。自己主張といえるものは，カツオが，何かを言い張る程度である。そしてそれは，結局，波平の「バッカモーン」の一言で済んでしまう。

　カツオの悪戯は，波平の「バッカモーン」の怒鳴り声で収束するのが通常である。その「バッカモーン」の怒鳴り声も，カツオに直接発しているところは描かれず，そのときだけカメラは家の外に出て，外から家をとらえる。家族団らんで全員が笑い声をあげるときも，カメラは外に出て，外からカーテン越しに家の中の笑い声をとらえる。父親の怒鳴り声や，家族全体の笑い声を，直接示さずに，間接的に示す。強い感情を，直接表現しないで，間接的に示す。

　磯野家の家族構成は安定し，そこで立つささやかな波風は，波平の「バッカモーン」の声に象徴されるような父性的権威によって収められる。その一方で，波平は，フネに気兼ねして，酔って帰るときなど，家へ入るのが気詰まりになる。フネの母性的保護下に，波平を含めたその他の家族全員がおかれている。父性的権威と母性的保護がバランスよくはたらき，父親の権威が示される背景には，母親の保護がはたらいているというように，家族のシステムが，安定して機能しているのである。

　原作漫画では，磯野家の人々はけっしてこころが安定しているわけではないが，アニメーションでは安定しており，こころの健康度が高く改変されている。

8.3　こころの配慮

　こころの健康度の一つの指標として，対他的配慮があるだろう。『サザエさん』のエピソードの一つを例にあげてみよう。「年賀状ができるまで」（平成

8.3 こころの配慮

13 年 12 月 15 日放映，NO. 7034）というエピソードがある。

　物語をまずは概略してみたい。サザエがおやつに蒸かした芋を持って居間にやってくると，カツオが飛び出してくる。年賀状に使う芋版を蒸かしてしまった，というのである。見ると確かに芋版である。サザエは，カツオに弁償するように求められ，苦労して芋版を彫る。しかし，仕上げた芋版の文字が逆転していないことをマスオに指摘される。カツオの描いた原図文字が逆転していなかったことが原因であった。それを指摘されたカツオは，まずは逆転していないもので彫って，それを押して，さらにそれを貼り付けて彫るのだと説明する。次の日学校で，女の子たちが年賀状について話をしている。そのうちの一人の早川さんが，芋版を批判する。彼女は，「食べ物を使わないほうがいいんじゃない。食べ物に冒涜じゃない」と言うのである。それを聞いていたカツオは，家に帰って，家族に，芋版を作るのを止めると宣言する。やっと芋版を完成させたサザエは，納得できない。カツオは早川さんの言ったことをそのまま繰り返し，食べ物を使うのは冒涜だ，と述べる。そして手書きにすると真心が伝わるから，とこれも早川さんの意見の受け売りをする。しかしいざ筆で書く内容の手本を波平に書いてもらい，筆で小さな字を書くのは難しいと言われると，カツオはやる気がすっかり萎えてしまう。朝，通学時，中島君がやってきて，カツオに感謝する。訳が分からないカツオに中島君が説明する。使わなくなった芋版を，サザエが中島君にあげたのであった。芋版に，馬と羊の 2 年分の干支が彫られているアイデアに感心したことを，さすが，と中島君はカツオをほめる。学校で皆が集まって，年賀状の話をしている。カツオは葉書がないのでださないと嘘をつく。中島君は，それで芋版をくれたのか，と言う。それを聞いていた早川さんは，余分の葉書 30 枚と芋を一袋もって，カツオを訪ねてくる。カツオに手渡すときに『私の言ったことを気にして芋版を止めたのでしょ」と言う。その通りだったカツオは早川さんに感謝し，芋版を作ろうとするが，馬と羊を一緒にするアイデア以上のものが浮かばない。結局カツオは，芋を輪切りにし，丸い形を赤い絵の具でそのまま押したもので済ませてしまう。太陽に見立てたのである。家族はその安直な作りに呆れてしまう。

　以上のような話である。

この話の中で対他的配慮に関してのポイントを整理してみたい。カツオが芋版を止めるのが、早川さんが女の子同士で話をしているのを漏れ聞いたためであった。カツオが早川さんから直接面と向かって言われたわけではなく、現実に直面したということでもなく、ただカツオが早川さんの意見を聞いて配慮した。

　芋版を、カツオが知らない間に、サザエが中島君に与えてしまった。芋版を作るように頼んだのはカツオであり、そのカツオが、芋版の使用を止めたとはいえ、その処理に関して、カツオが知らないまま、芋版がカツオの友人に与えられていた。サザエがカツオに配慮したのである。

　早川さんはカツオが芋版を止めたのは自分のせいと理解し、それを補うような行動をする。しかし早川さんはカツオから直接止めた理由を聞いたわけではないし、早川さんの食べ物を使うのは冒涜だという主張を、自ら反故にしている。ここでも早川さんはカツオのことを配慮した。

　以上のようにみてみると、カツオは、早川さんの話を漏れ聞いて彼女の心情に配慮し、カツオの意思を確かめずにサザエは芋版を中島君に与え、早川さんは葉書と芋を持って「私のせいでしょ」といったようにカツオの心情を理解する。いずれにしても、直接的な確認をしないままになされたカツオの配慮に対して、サザエと早川さんといった女性の振る舞いは、カツオの心理を、まさに保護し、守っている。ここでの配慮する、ということは、一般化していうならば、直接的に確認をしないまま相手の気持ちを考え、行動するということである。そしてこの配慮は女性側からのものが、男性の苦境を救うようにはたらく。女性が男性のおかれた状況を的確に理解し、そして男性の苦境を、男性自らが解決するのではなく、苦境そのものがあたかも初めからなかったかのようにしてしまうのである。早川さんの持ってきた芋を手にすることでカツオが物語の初めの芋版を作るということに戻るように。『サザエさん』で描かれる苦境は、他のエピソードでも同様に、他者の配慮によって、最初から苦境ではなかったかのようになる。こうした配慮の描き方が、安心してこの作品を見ていられる一つの理由でもあろう。

8.4 直面化を避ける

『サザエさん』の人気の秘密には「直面化を避ける」ということがありそうである。上記のカツオも，早川さんから面と向かっていわれたわけではなかった。他の作品についてもみてみたい。「コタツの楽園」(No. 6891) では，サザエがふすまを開けはなして出てしまうタラちゃんに注意をしていると，後ろで聞いていたマスオが「わかった」と答える。「バレンタインの父」(No. 6922) では，波平はワカメがフネにリボンがないか尋ねているのが気になって仕方がない。しかし，直接聞けずに，屋台で伊佐坂先生と酒を飲みながらも落ち着かない。家に帰ると波平は，ワカメからのチョコの包みが布団の枕元に置いてあるのを発見する。「カツオ長男の日」(No. 6917) では，カツオが勝手に「長男の日」を作り，マスオは頼まれておいしいと評判のケーキを買ってくる。サザエはカツオの嘘に気づいていたが，ケーキを食べたいので黙っていた。「思い出の初デート」(No. 6993) では，サザエと初デートの喫茶店で待合せすることを約束したマスオは，場所を忘れている。そこでマスオはノリスケに尋ね，ノリスケはそれとなくサザエに聞こうとするが，サザエは出かけてしまった後だった。結局マスオは喫茶店を思い出し，サザエよりも先に着くことができる。こんなようなエピソードが繰り返される。直接聞けば済んでしまうことを，しないまま済ませてしまい，右往左往する。これをここでは「直面化を避ける」と表現した。通常，直面化とは精神分析用語であり，精神分析を行ってゆく中で，無意識的なはたらきについて直面化させられることで，深い洞察が得られるとされている。しかし『サザエさん』の直面化を避けることは，聞けばよいことをその場で聞けないことである。その背後にあるものはなんであろうか。

サザエのようにケーキが食べたかったという欲望のためもあろうが，バレンタインデーのチョコレートを気にしている波平は，自分へのものであることに確信がない。マスオがサザエに待合せの場所を聞くのにためらいがあるのは，サザエのことを忘れていたとわかるとサザエを傷つけてしまう恐れがあるからである。サザエのタラちゃんへの注意を自分へのものと真摯に感じてしまうマスオには，サザエが怖いという意識も潜在しているのではなかろうか。その証

拠に,「親切なマスオさん」(No. 6895) では,マスオはライオンに追われている夢を見る。マスオは,夢の中で,サザエより先を走り,丸太橋を一人先に渡り,サザエを置き去りにして,丸太橋を外してしまう。向こう岸に置き去りにされたサザエの後ろには追ってきたライオンがいる(このエピソードは漫画の原作にある)。朝目覚めたマスオは,黙って掃除を始める。サザエは不可解に「どうしたの」と声をかける。マスオの無意識にあるものは,案外根深いものがあるのかもしれない。しかし直面化を避ける,という背後には,直面化しないままでいると,自然と事が収まっている,という家族の知恵がはたらいている。波平の心配が杞憂であったように。心配したことが,結局,根拠がなくなってしまう。直面化していたら,大騒動になったかもしれないことが,それを避けることで,丸く収まっているのが『サザエさん』の日常なのである。

9 「友だちっていいね」
——皆でやれば怖くない

　かつて『美少女戦士セーラームーン』など，女の子が集団で悪を倒すアニメーションが人気であった。悪と戦うのは男の子であったのが，いつしか戦う女の子が人気となり，しかも数人のグループができた。一人の主人公では立ち向かえない敵も，グループでなら倒せる。そのためにこころを一つにする必要がある。支えあう友だち，ということであるが，そうした同性関係が育まれる青年期は，次の異性関係への橋渡しをするような媒介の時期になっているのであろう。

　「週刊少年ジャンプ」などに掲載される漫画のヒット作は皆友情や連帯を描いている。『NARUTO-ナルト-』などの忍者ものも，仲間同士の結びつきは深い。そうした仲間の存在は，個を勇気づけるものなのであろう。しかしネガティブな側面もある。それから外れた者は，気分が沈み，生きる勇気も失いかねない。そうした人から疎外される苦しみは『NARUTO-ナルト-』の初期では主人公の抱えている問題であった。

　そこでここでは 2014 年に長期連載を終えた『NARUTO-ナルト-』を取り上げ，その人気に迫りながら，仲間について考えてみたい。

9.1　漫画『NARUTO-ナルト-』

　漫画『NARUTO-ナルト-』は，岸本斉史原作の漫画で「週刊少年ジャンプ」に 15 年間（1999～2014 年）に渡り連載された。1974 年生まれである岸本の 25～40 歳までの作品ということになる。単行本で全 72 巻に及ぶ忍者世界を描いた長大なストーリーの中に，友情ばかりでなく裏切りもあり，孫悟空などの物語の登場人物の名前を借りたキャラクターなどが登場し，忍者世界の創世神話も語られる。主人公はうずまきナルトという落ちこぼれ忍者で，当初は彼の

第9章 「友だちっていいね」──皆でやれば怖くない

成長物語であった。彼の夢は忍者の里の一番の忍者「火影」になることである。そのためには仲間と共にさまざまな敵と戦わなくてはならない。ナルトは，どのような苦境に陥ろうとも「ぜってえあきらめねえ」と戦うことを諦めない。そんな姿を見た仲間も，ナルトに共感し，目いっぱいの能力を発揮する。そうしてナルトも仲間も成長し，相互の信頼関係の中で，各自の能力を連携して使用するようになる。一方の敵方は，世の中から戦いをなくす，といった夢をもっていることが語られる。しかし戦いをなくすための方法が問題であった。その方法は，夢世界のような自身の願望が達成されるこころの内に閉じこもるというものであった。願望充足の夢を見続ければ争いのない平和な世界が訪れるというのである。自閉的世界への閉じこもりが夢の実現の方法だった。しかしこれは実は卯の女神カグヤが世界をリセットし，新たに作り直すための手段であることが明らかになる。巨大な神樹の根に，繭玉の中に入った蛹のようになった人々が，つなぎとめられ，その中の人々は自分の見たい夢を見続ける。

　こうしてみてみると，『NARUTO-ナルト-』は漫画というエンターテイメントでありながら，自分の世界に閉じこもる自閉や，そうした自閉を引き起こすカグヤといった母親イメージが描かれていることになる。ユング心理学で大母として知られる神話の女神の一つの表れがこのカグヤである。そしてカグヤに付き従い，カグヤの願望の達成を助ける影のような黒ゼツがいる。彼はカグヤを「母」と呼び，カグヤがナルトとサスケの力で封印されそうになるときに，「また次の母復活に向けて」とつぶやくが，ナルトによってカグヤと共に彼もまた封印される。このときナルトの言うセリフが印象的である。彼は「親離れできねェーガキ一人が」「カン違いしてんじゃねェーってばよ!!!」と言う（巻ノ七十一）。黒ゼツは親離れできずに，夢の世界に取り込まれ，願望が達成できなければ，親に依存できるようにリセットしようとした。それをナルトは親離れできないガキと決めつけた。そう言うナルトは，親離れを成し遂げたものということになる。臨床心理士の河合隼雄（1995）はユング派の分析家ノイマンによる自我の確立の過程について語っている。それによれば西洋の物語における怪物退治は母なるものとの関係を断って自立することを意味している。この考えに従えば，ナルトが母なるものの象徴としてのカグヤを封印することは，

母なるものとの関係を断って自我を確立させることにつながる。

　ナルトがカグヤと戦う前に，彼のこころの中で先祖に当たる六道仙人に出会う。仙人は伝説を語る。すなわち，カグヤは六道仙人の母であり，その息子である六道仙人は兄弟で母カグヤを封印した。六道仙人には2人の息子がいた。優秀な兄インドラと出来損ないの弟アシュラである。優秀な兄は一人で何でもできたが，出来損ないの弟は自身の努力に加えて周りに協力を仰がなければならなかった。そして弟は兄と同等の力を得ることができた。人と人とがつながれることに未来を見出した六道仙人は，弟アシュラに後事を託し，兄インドラに協力することを期待した。しかし，兄はそれを受け入れられず，戦いが始まった。こうして忍者の世界に争いが続くようになった。そしてそのインドラとアシュラの転生した者が，サスケとナルトだというのである。インドラとアシュラのようにサスケとナルトは戦うように運命づけられていた。

　こうした創世神話は，ナルトのこころの中にあって語られた。振り返ってみると，ナルトのこころの中に閉じ込められていた九尾の封印は，彼の父と母によって施されていたのであり，その封印を開けるときに，父と母の姿に触れ合う。つまりナルトのこころは階層的になっており，当初は封印されている巨大な負のエネルギーをもつ九尾の影のみが時々感じられるだけであったのが，九尾の姿を見るようになり，封印された九尾を解放しようとするときに亡くなった父と母の姿に触れ，九尾と仲良くなった後で，さらにこころの奥底で六道仙人に会った。深層には，先祖が居座っていた。こころの古層に触れることでナルトの新たな能力が開発されていた。その際，父母に支えられていたことの新たな実感が得られている。つまり，深層を探ることで，悟りが得られ，こころの理解が深まるのと，仲間との交流が深まることが，並行している。

　ナルトの教えることは，こころの安定が，家族のつながり，祖先とのつながりを意識することでより強固なものになるということである。心理学ではアタッチメントという養育者と子どもの関係を示す言葉がある。子どもが不安になると母親のもとに行き，安心を得るとふたたび出かけてゆく。そうしたつながりを示すのにアタッチメントという用語が使用される。そしてそうした幼い頃の関係を内在化させ，内的ワーキングモデルとしてこころに留めておくように

なり，それを一つの拠り所として新たな人間関係を築いてゆく。ナルトにとって，親との関係がこころの奥底にあり，封印が解けることで，親との関係にあらためて気づかされた。要するに親とのアタッチメントの内的ワーキングモデルが再活性化された。そうした親との内的ワーキングモデルの活性化が，親以外との関係性を維持するモデルになってゆく。さらに奥深いことは，内的モデルを支えるものは，さらには先祖との関係も内在化されたものとして現れてくる。

祖先との関係の内在化はアタッチメントの内的ワーキングモデルで語られていることではなく，むしろユング心理学で述べられていることである。個人の深層には，個人のレベルを超えた無意識の世界があり，そこには人類に普遍的なイメージが潜んでいる。神話伝説の世界に類似のものが見出される世界である。ナルトの見た神話的世界は，個人的レベルの体験であるが，しかしその内容は人類に普遍的なものが含まれている。人間を支えるものには両親の内在化されたモデルが，さらに奥には神話的な世界からの支えがあるということである。『NARUTO-ナルト-』の魅力の一つは，現代人が見失ってしまった神話の世界を，漫画という馴染みの媒体を通して，復活させ，根づかせたことであろう。また『NARUTO-ナルト-』の描いていることは，ナルトと同じ年齢の思春期の若者が，無意識的世界の，神話的世界にまで深く潜り込んでしまうような危ういバランスの中で生活しているということである。こころの中では，作品で描かれているようなすさまじいばかりの戦いが繰り広げられている。そうしたこころの中での戦いの果てに静穏化した成人期が待っている。

9.2 ナルトは影

朝日新聞の 2014 年 11 月 11 日朝刊に「ナルトは僕の影だってばよ！」という作者岸本斉史のインタビュー記事が掲載された。連載終了後，15 時間も経っていないときのものである。インタビュー記事の中で「影」には触れられていないが，タイトルに「影」が掲げられている。主人公ナルトの使用する術の一つに多重影分身がある。自分のコピーをたくさん出して一緒に戦うというも

のである。こうした影分身の影とは異なる影も登場する。

　ナルトは，物語の中盤で，自身の内部に潜む九尾の力をコントロールする方法を学ぶために，仲間と共に秘密の島に修行に出かける（単行本巻ノ五十二）。真実の滝に面して座ると，自分の真実の姿が見えるという。ナルトがその滝の前に座ると，滝の水をかき分けてもう一人の自分が現れ，これが本当のお前の闇の部分だ，と言う。この闇の部分は九尾と仲がよい。最初，ナルトはその闇のナルトと戦うが，互角で決着がつかない。悩んだ末，ナルトは自分を信じることにする。そして闇のナルトも自分であると受け入れる。すると闇のナルトは，ナルトに抱かれながら，消えてゆく。

　ここでの影は，こころの中の闇の部分であり，受け入れがたい自分の一面である。そうした一面の現象学を詳述しているのが河合隼雄（1987）の『影の現象学』という書物である。その中で，影との戦いに敗れ，滅んでゆく物語が紹介されている。それに対し，ナルトは，最初は影と戦うが，やがて影も自分であると受け入れる。

　このように多重影分身といった術を使って戦う一方で，自身の受け入れられたくない闇の部分としての影を受け入れる。こうした影の受け入れを通して，闇の部分と仲のよかった九尾との関係も受容的なものとなる。

　岸本がこのような影に大きな関心をもつことの理由の一つには，自身に双子の弟がいるといった現実があろう。つまり自身と同等の能力をもつ身近な存在としての他者が双子の兄弟に象徴される。そうした身近な同等の能力を備えるものとしての兄弟のようなライバルが登場する。ナルトにとってそれはサスケであった。

　サスケは，一家を殺害した兄を殺すために抜け忍となり，ナルトの敵対勢力の仲間となる。しかし兄との戦いの最中に，真実を知り，カグヤを封印するために共に戦う仲間に復帰する。しかしカグヤの封印が成し遂げられた後，サスケとナルトは最後の戦いを始める。

　サスケはすべてを一人で引き受け，革命を起こすことで社会のシステムを組み替えようと考える。他者とのこころの交流をもとにしたシステムを想定できない。これはナルトが仲間との関係を大事にし，それを受け入れながら戦い続

けたことと対比的である。日本のアニメーションの中でたとえば宮部みゆきの原作をアニメーション化した『ブレイブ・ストーリー』では同様な運命の元に異界に行ってしまう2人の少年が描かれ，サスケのように，他者を信じられずに一人戦う少年は，結果的に滅び，仲間との関係を大切にする少年は，影の自分を受け入れ，運命を切り開く。こちらの少年はナルトにつながる。しかし『ブレイブ・ストーリー』とは異なり，サスケとナルトは互いに戦うことになる。

ところで，サスケとナルトについて考える前に，敵対する他者に対するナルトの姿勢を，別の例で考えておく必要があろう。実際には，ナルトは，敵をも受け入れることができるのである。この受け入れる，というところが，他者を巻き込んで，ナルトの気持ちに共感させてしまう根源となる。たとえば，ナルトと敵対していた長門と語らううちに，長門のこころを溶かし，ナルトを信じてみようと思わせる（単行本巻ノ四十八）のもそれである。またさらに物語が進んでナルトに立ち向かっていた敵に，本来の自身の姿を思い出させ，うちはオビトとしてのかつてのアイデンティティを取り戻させる（単行本巻ノ六十八）。ナルトは他者の闇をも受け入れるのであり，むしろ他者の闇を読解し，他者が自分でも理解できなかった姿を見せ，その姿に直面化させる。そうしたことによって他者は自身の本心をあらためて理解する。ナルトは他者のこころを受け入れ，ナルトの理解したイメージを敵に投射する。こうして他者は自身のあるべきであった本心を蘇らせる。そしてナルトを受け入れる。ここにはナルトのセラピストとしての姿が示されている。

芸術のもっている力の一つには，こころの闇の部分に気づかせ，それを受け入れることを可能にするということがあろう。岸本が語るこころの闇の部分を受け入れる物語は，漫画を描き続けた作者の，登場人物を介しての，こころの闇の部分を解き放つ，芸術の効果の一つの現れなのであろうし，それが作り手自身の中で発生しているものに読者が触れることで，こころの闇の部分の解放が呼び覚まされることになる。岸本の物語が多くの人の共感を呼ぶ一つにこうしたこころの闇の解放の物語がもっている力があると思われる。

さてサスケとナルトの対比は，河合隼雄（1987）の紹介する西洋と日本の自

我のありかたの対比に対応しているようにも思える。河合は欧米人が「個」として確立した自我をもつのに対し，日本人の自我は自他の相互関連の中に存在すると語る。サスケは，先に述べたように，すべて自身で決定し，他者に依存しない。ナルトは，自身の力は他者との関係の集約されたものとして理解しており，他者との関係が自身の能力を発揮する根源ととらえる。要するにナルトは自他の相互関連の中にあって十全の能力を発揮する。河合は企業内での人間関係にも他に開かれた人間関係が存在し能率を高めていると語る。こうした河合の考えは，最近注目されているソーシャル・キャピタルにつながる。

　社会心理学の観点からソーシャル・キャピタルを研究している坂本ら（2013）は，ソーシャル・キャピタルを認知的なものと構造的なものに分けて考えている。認知的なものは所属集団とのつながりなどの認知であり，構造的なものはそのつながりを生み出している社会的ネットワークなどのことである。彼らは，こうした2つのソーシャル・キャピタルが大学生の精神健康に関与していると考える。『NARUTO-ナルト-』でいうと，このソーシャル・キャピタルの少ないものがサスケであり，多いものがナルトということになる。そしてナルトがサスケとの戦いの中で，サスケを仲間として受け入れ続ける。ナルトが言う言葉は「……オレが……痛てーんだ」というものである。サスケの姿を見ていると，友だちだから，痛みを感じるというのである。その言葉を聞いたサスケは，自身のこころの痛みの体験を思い出す。ナルトの感じたこころの痛みをサスケは自分のものとして感じたことがあった。そしてナルトがどんどん成長してゆく姿を見るにつけ自分にはない強さを見出しうらやましくなったと内省する。こうしたうらやましさは，ナルトがサスケに感じ続けていたことでもあった。ナルトはリスクが苦もなくなんでもやり遂げてしまう姿がうらやましかった。そうしたうらやましさを実はサスケも感じ続けていたことにこのとき気づかされた。身近なもの同士で，何やら気に入らない，と感じるときには，自身の投影がはたらく。そしてサスケが感じたようなうらやましさが内在する場合がある。ナルトの身体的な共感が，サスケをしてこころを開かせ，こころのつながりが痛みを媒介して感じられた。サスケが真にナルトを受け入れるのは，ナルトとの間に本気の戦いがあった後であった。

心理療法で、こころに触れる言葉が、コトリと腑に落ちるようになるのは、セラピストの真剣な対決姿勢を崩さない態度において生じる。サスケのこころを和らげ、人々のネットワークの中に再度組み込まれることを受け入れさせたのも、そうしたナルトのセラピストとしての態度であったと理解できる。

9.3 成人期のテーマ

『NARUTO-ナルト-』が完結したのは、先にも述べたように、作者の岸本が40歳の年齢においてであった。連載終了後の新聞記事において、彼は、ナルトの原型を描いていた頃の自分に向かってメッセージを残している。それは漫画家になりたいという夢をもっていた頃の自分であり、その夢は『NARUTO-ナルト-』で漫画家となることで達成され、しかもその漫画は成功を収めた。そうした成功への経緯は、ナルトが火影になる経緯と並行関係にある。「火影」になるという漫画のナルトの夢は、ラストのエピソードで達成されており、そのナルトは自身の息子を設けている。次の世代を育てるというテーマは、心理学的にいえば成人期のテーマであり、夢を追い求める青年期のテーマとは自ずと異なるものである。成人期のテーマに触れることで、青年期のテーマの完結を示したことになる。そうしたテーマの完結は、中年期において、青年期の見直しとして起こってくることがあり、そうした時期は中年期危機として知られている。

成人期の次の世代を育てるテーマが問われる作品もある。それは劇場版の『NARUTO-ナルト-』の一編『劇場版 NARUTO-ナルト-大興奮！みかづき島のアニマル騒動だってばよ』(2006) において見出せる。この作品ではナルトはまだ修業時代の少年である。このナルトはカカシをリーダーとし、サクラ、ロック・リーとともに月の国の王子のツキミチルとその息子ツキヒカルの護衛を請け負う。旅行中のミチルは、甘えん坊で、湯水のようにお金を使い、息子を喜ばせるために、サーカスの一団を丸ごと買い取ってしまう。そんな父親の姿を見ているヒカルも、望めばなんでもできると思い込んでいる。ナルトたちはそんな親子に呆れながらも護衛を続ける。ミチルは甘えん坊のままで、別れ

た妻のところへ行き，関係を修復しようとするが，彼女から「アナタには大切なものが全然わかっていない」と言われてしまう。ミチルにはその意味が分からない。

　ミチルたち親子が，故郷の島に戻ると，謀叛(むほん)が起こって，ミチルの父親の王はすでに追放されていた。王がミチルを旅に出したのは，彼の不在の間に，謀叛の企てをつぶすつもりだったのである。しかし王はそれに失敗した。カカシたちの尽力で，謀叛の首謀者から逃れたミチルたち親子は瀕死の王に出会う。そして王から「調和と慈愛に満ちた国造り」を望んでいたと聞く。しかし王の理想をミチルは理解できない。そうしたミチルの目の前で王は死ぬ。

　島から逃亡を企てたミチルたちは，謀叛者の手下に捕まってしまう。高い塔から突き出された板の上に乗せられ，その先端まで歩かされた彼は，落下を恐れ動揺するが，山の間に沈む夕日の美しさに触れ，また徐々に暗くなってゆく彼方に街の明かりを目にすることでこころが静まる。そして父王の「調和と慈愛に満ち溢れた国」という言葉を思い出す。ミチルは，自分が王として，父から託されたことを自覚する。大人になるということは，自分の仕事を受け入れ，家族を養い育てることなのであった。このときそうした大人としての自覚が目覚めた。そして自覚を得た彼は，表情まで変化する。ナルトたちの活躍でミチルは助け出され，謀叛を企てた者たちは滅びる。仕事が済んで去ってゆくナルトたちを見送りながらミチルは「今ならわかる大切なものが何なのか」と息子のヒカルに語り，ママを迎えに行こう，と決意を伝える。家族を引き受けることが語られるのであり，ここには成人期の発達的テーマが描かれていた。このテーマは，漫画『NARUTO-ナルト-』のラストのエピソードで描かれたナルトの家族を引き受ける自身のあり方を，前もって述べたものである。

9.4　青年期再考

　『NARUTO-ナルト-』の物語は，目的を掲げ，それを達成するまでの成長物語であるといえる。物語の進展において，取りこぼされたテーマが，劇場版のアニメーションで語られることがあるのは，上述した。そして同様に仲間が大

事，あるいは親との関係が大事とあらためて語るものもある。それは青年期において，内的世界へ閉じこもる願望ともつながっている。その点を，成人期への心理的なプロセスとして，見直してみたい。

　取り上げる作品は『ROAD TO NINJA-NARUTO THE MOVIE-』である。2012年のこの作品には原作者の岸本が原作・企画・ストーリーにかかわっている。監督の伊達勇登（2013）は，この作品に関し，「ナルトの少年期から青年期にかけての成長過程をもう一度映画の中でみせようという趣旨がありました」と語っている。ナルトの成長物語を，もう一度再考するといった意味合いであろう。

　さてお話はどうなっているのかというと，暁の黒幕のうちはマダラが，限定月読の力でナルトとサクラを異世界へ飛ばしてしまうことから始まる。その異世界では，現実世界では成し遂げられなかった願望がすべてかなっている。サクラは，現実世界で思春期の子どもがまさに思うであろうように，口うるさく干渉してくる両親が心底煩わしいと感じていたのであったが，異世界では両親は里の英雄として（現実世界のナルトの父のように）亡くなっていた。サクラは英雄の子どもとして村に迎え入れられている。一方，ナルトは，両親がいないことに寂しさを感じ，仲間が両親に受け入れられている様子を見るにつけ，両親がいないことがたまらなくなっていた。異世界では，彼はメンマと呼ばれ，メンマには仲のよい両親がいた。ナルトは，メンマとして彼の両親のもとで，願望していた家族の親密なかかわりを体験する。そしてその家族の絆をなくしたくないと思うようになる。このように異世界はサクラとナルトの願望を達成した世界であるので，そこから現実世界に戻る動機が見出せなくなるように仕組まれている。若者がこころの奥底に閉じこもり，なんでも思い通りになるといった全能感にひたりながら，そこから出てこない自閉と理解される。

　しかしこの話のみそは，異世界にサクラとナルトの2人が同時に入り込んだということである。サクラは，この願望世界に徐々に違和感をもつ。そして現実世界に一人でも戻ろうと試みる。こうした第三者の存在が，ナルトに，本来の彼の願望であった「火影」になる，ということを思い出させる。サクラが異世界で忍者世界の支配を望む仮面の男に拉致されてしまい，ナルトはこの男と

9.4 青年期再考

戦うために出かけようとする。圧倒的な力をもつ仮面の男と戦おうとするナルトに対し両親は行くなと止める。しかしナルトは，両親に，自分は実は本当の子どもではないと告白し，サクラを助けるために，仮面の男との戦いに出向いてゆく。仮面の男はナルトに出会った瞬間から不快感をもち，ナルトも同様な感情を体験する。仮面の男は，実は，この世界のナルト（要するにメンマ）であった。

ナルトは，疑似家族の暖かさを体験し，その家族関係に甘えながらも，その家族は本物ではないと違和感をもち離れてゆく。そのとき思い出されるのが，火影として自身を助けた，両親のイメージだった。内在化された両親像が，ナルトのこころの底にあり，それが支えになっていた。このことは漫画でも，上述のように，描かれていたことであった。

ナルトが異世界から離れてゆくのは，サクラという他者の存在と両親の内在化されたイメージの存在が，ナルトにはたらきかけてきたためであった。青年期において，こころの奥底に自閉することは，この時期に起こりがちなことである。アニメーションの教えていることは，自閉的世界で，サクラといった仲間の存在への気づきと，両親の内在化されたイメージへの気づきが，願望充足のみを考えていたメンマとしての意識を，乗り越えさせたということである。ここでは心理的な意味で，願望充足といった子ども時代の生き方の象徴的な「死」と，仲間を大切にし，仲間との新たな関係の中で生きるといった「生」への移行が起こっている。「死と再生」といった象徴的なプロセスが，ナルトとの成長過程の一ステップとして，描かれていたとみることができる。ミチルが示したような家族を引き受ける決意は，青年期の在り方の象徴的な死が体験されてきていることを前提としていると思えるのである。

10 「年をとるってどういうこと」
——中年

　人形アニメーション作家である川本喜八郎は,『不射之射』で射に熟達した若者が,名人となり,老境になって,射を忘れてしまったことを描いている。弓が戦闘用具として最先端のものであった古代において,それを忘れるということは,現代社会で原子爆弾のような最先端の兵器を忘れるということであり,それはすなわち反戦の意図をもつ。老境に達した登場人物に仮託して,同年齢の作者が意図したのは,自分自身のことではなく,世界への気遣いであった。

　第9章では,40歳に達した岸本斉史が『NARUTO-ナルト-』を完成させたことを述べた。中年期に達して,それまでの仕事を一区切りさせ得ることが中年期危機として語られている（横田,2006）。川本も中年期において,それまでの仕事を辞めて,大きな転換を図った。そのことについて紹介してみたい。

10.1 はじめに

　川本喜八郎は1925年東京に生まれた。彼はNHKの『人形劇三国志』の人形美術でよく知られているが,実は日本独自の様式を生かした人間の情念を描く人形アニメーション作家として世界的にも知られている。川本のアニメーションの仕事は中年期に始まる。壬生狂言を題材にした『花折り』（1968）を43歳のときに発表したのが彼のアニメーション作品の最初であった。そしていくつかの作品を作った後で,切り紙アニメーションによって,自身の旅の体験を象徴的に描いた『旅』を描いた。その後,51歳のときの『道成寺』（1976）で自身の人形アニメーションのスタイルを完成させた。以降,川本は人形アニメーションで,人間の苦と悟りを描こうと,新たな境地を示す作品を次々に発表した（横田,2001；Yokota, 2003）。

　川本の人形への情熱は,子ども時代に祖母に人形作りを教えられて以来のも

第10章 「年をとるってどういうこと」——中年

のとされている。母親は人形作りに熱中する川本を見て将来人形作りになるように勧めるが，人形作りは趣味であると言い，川本は建築家になると宣言する。1944（19歳）のときに，建築家になりたいということで選んだ横浜高等工業学校を半年繰り上げて卒業する。陸軍の技術将校（少尉）となり，関東圏で仕事をしているときに，東京の実家が空襲で消失する。そしてまもなく敗戦となる。

終戦後，たまたま親友の村木与四郎と中央線武蔵境駅で再会し，これがきっかけで東宝の美術部員としての職を得る。当時東宝争議の真只中で，争議に明け暮れながら監督や他のスタッフと映画について多くを語り合い，映画についての基本を耳学問する。東宝には4年間在籍した末，解雇される。人形作りの特技をもつ川本は，作った人形を売っては遊んで暮らした。そうした彼が黒澤明監督の美術でよく知られた松山　崇の縁で，アサヒグラフの「玉石集」に人形の仕事を得る。「玉石集」の仕事が，劇作家（当時朝日新聞の記者）である飯沢　匡の目に留まる。飯沢が川本に仕事を依頼したことが縁で，飯沢との交流が深まり，やがて彼に連れられチェコスロバキアのイジー・トルンカの人形アニメーション『皇帝の鶯』を税関試写で見ることができた。このとき，川本は，「暫く椅子から立ち上がれないほどの感動」をし，そして「髪の毛の一本一本が逆立つ程の衝撃」を受け，人形で詩が語れる，と感じた。川本は小さい頃から人形作りを続けていたが，それは趣味であって，それ以上のものではなかった。そうした彼が，人形を天職とする決意ができたのは，トルンカの作品を見たからであり，このとき27歳であった。人形で映画（アニメーション）を作るということが川本の夢になった。

川本は，長い間，劇作家飯沢　匡，人形デザイン土方重巳といった旧知の人々とグループを組んで，仕事をしてきた。そして，1958年（33歳）に，それらの仲間とともに株式会社シバ・プロダクションを設立し，コマーシャル・フィルムを制作した。仕事は忙しく，朝から深夜まで，時には泊まりがけで働いた。ほとんど寝る間のない生活を続け，考える時間もないほどであった。川本はこうした生活に徐々に不満を感じるようになる。なぜならもともと劇場で上映されるような長編の人形アニメーションの制作を夢見て，資金を蓄えるため

に，コマーシャル・フィルムの制作を始めたはずであったからである。コマーシャル・フィルムの制作は，目的ではなく手段であったはずが，軌道に乗ると，目的になってしまった。設立したプロダクションの経営を安定させるために来る日も来る日もコマーシャル・フィルムの制作を続けざるを得ず，制作を中断し，スポンサーの離反の可能性を押してまでして長編アニメーションを作ることは不可能と思えるようになった。そこで川本が考え付いたのが，トルンカに教えを請うことであった。

　川本は，トルンカに手紙を送り，彼から返事を受け取る。それには，川本を感動させる言葉が書かれていた。すなわち，世界に人形アニメーションの制作者が増えれば増えるほど，作品はよくなり，人形芸術は人々，国家，さらには肌の色，宗教までをも越えてこころを1つにする媒体である，と語られていた。これを目にした川本は，すぐに仕事を辞め，トルンカのもとへと旅立ってしまう。ここには中年期危機特有の切迫感があった。

10.2　中年期危機――チェコ手紙・チェコ日記

　チェコスロバキア滞在の様子は『チェコ手紙＆チェコ日記――人形アニメーションへの旅/魂を求めて』（川本，2015）によって知られる。川本がトルンカに会うことができたのはチェコスロバキアに到着してしばらくたった1963年3月31日であった。初めてトルンカに会った印象は「神経は細かそうな人ですが，気むずかしい人ではなさそうです。どちらかと云えば口の重い人，社交的ではなさそうです」（チェコ手紙3月31日）というもので，このときトルンカ本人に川本はスタジオ内全部を案内される。

　次にトルンカに会ったと報告されているのが9月14日である（チェコ手紙）。川本はこのときのトルンカとの会話を録音し，その逐語記録をチェコ語と日本語にして，手紙に記す。そして翌年の3月11日，川本がチェコスロバキアに着いたちょうど同じ日（3月11日）の1年後に，トルンカに2時間にわたるインタビューをすることができた。このとき，トルンカが語ったことは，人形でなければできないことのほかに，人形は人間の典型を作れること，民族性

(様式的な伝統)を生かすこと，人形の動きを作ること（動かしすぎないこと）があった．典型性，民族性，人形の動きを作ることは，川本のアニメーションの根源的なものとなった．

　川本はチェコスロバキア滞在中に自分の作品を作ろうとシナリオの執筆に心血を注ぐ．そのもっとも重要なものは『絹の道』であった．『絹の道』の前半の山場は，玄奘三蔵のエピソードであった．三蔵法師が国禁を犯してまで仏典を求める旅に出たのは，28歳のときとされ，ナーランダー寺で戒賢老師に会ったのは35歳のときとされる．三蔵法師の決意と川本の履歴を重ね合わせると，川本がトルンカの作品に出合い，トルンカに会うためにチェコスロバキアに出かけてゆく年齢と重なる．すなわち，川本がトルンカの『皇帝の鶯』を見たのが27歳，このときチェコスロバキア行きの思いが萌芽し，実際にトルンカに会ったのが38歳のときであった．トルンカと彼の人形アニメーションを求めての川本の旅は，三蔵法師が仏法を求めた旅と年齢的に重なり合う．川本は自身を三蔵法師になぞらえていたと思われる．

　『絹の道』のシナリオ完成直前に，川本はチェコ手紙の中で西洋人に対する劣等感が消えたことを伝える（9月23日）．そうして同時に川本は，日本へ帰ってからのことを考える時期にきている，とも手紙に書く．こうした劣等感の解消や日本へ帰る考えは，とりもなおさず川本が日本を再発見したことを暗示する．

10.3　トルンカ

　アイデンティティを再統合しようとする作業であるシナリオ執筆が，人形の本質をつかもうとする苦闘と並行して行われた．こうした作業があってはじめてトルンカとの対話がもたれたのであった．そうした準備が深められた後であったので，川本が人形についての核心をつかむことができた．チェコスロバキアへの旅は，自身の心を見つめ深める旅でもあった．

　川本はNHKの番組「世界・わが心の旅チェコ・人形の魂を求めて」において，チェコスロバキア滞在中に撮影が始まったトルンカの「天使ガブリエルと

鷺鳥婦人」に登場する鷺鳥婦人の人形と対面する。川本は，鷺鳥婦人について，役のために生まれてきた人形で，人形として出来上がったときにはすでにほのかな生命をもち，演技するときにその生命が最大限に発揮され，演技が終わるとまたほのかな生命に戻る，と語る。川本がインタビューしたトルンカから聞いたのは，人形の歴史であり，キリスト教国では人間が神の物語を演ずることはできなかったので，人形で神の物語をやったということであった。トルンカによれば人形は神をも描くほど典型的なものなのであった。このトルンカの発言は，川本には啓示に聞こえたに違いない。というのも，川本は，人形とは何かと問われたときに，「お仕えする神様です」と答えるのを常としたからである。

　チェコスロバキアを去る直前（10月2日）に，川本はトルンカから直接言葉をかけてもらい，日本の伝統をもっておくようにとアドバイスされる。トルンカは川本に，日本文化に回帰することがアニメーション制作に必要なことだと諭した。こうして帰国した川本は，1968年（43歳）に『花折り』を自主制作作品として発表する。川本が，トルンカに見てもらおうとし，果たし得た唯一の作品であった。絵コンテも前もって見てもらい，作品を見たトルンカにほめられたと川本は語る。アニメーション作家としての川本が，トルンカに提出した卒業制作のような意味合いがあったのであろう。

10.4 『花折り』から『旅』へ

　『花折り』は川本の作品系列の中では，喜劇的な要素のある作品で，後年の不条理を描く作品系列からすると異質である。

　主人公の小坊主は酒好きである。酒を口にするし，飲みたいと渇望し，悪知恵をはたらかす。桜の花が満開の頃，花見のシーズンである。屋敷に咲いた満開の桜の枝には折らないようにという注意書きの札が吊され，それを守るように厳命された小坊主が，健気にも読経している。すると，花見にやってきた武士の主従が屋敷の外で酒盛りを始める。酒の匂いが漂ってくるので，読経どころではない。なんと小坊主の鼻がヒクヒク動き，顔から離れ，酒のほうにただ

よっていく。それほど酒の匂いがたまらない。鼻の後に身体がついていく。酒を得ようとする小坊主の行動は，一途で，アニメーションらしい面白さにあふれている。しかし，結局は武士の主従につかまってしまい，脅されて彼らを屋敷の中に引き入れることになってしまう。枝に吊された札を目にした主従は小坊主を酔いつぶしてしまおうと計画する。まんまと計画に乗せられた小坊主は酔い潰れて寝てしまう。主従は，札のついた桜の枝を折って持ち去ってしまう。帰宅した主人が，桜の木の根元で眠りこけている小坊主を発見し，枝が折られていることに気づき，小坊主を折檻しようと追い掛け回す。壬生狂言を題材にしているこの作品は，日本の伝統に根差した，典型性を描いているとみることができ，トルンカの教えを実践したものと言えよう。

　しかし，次の作品『犬儒戯画』（FARCE ANTHROPO-CYNIQUE）で様相は一変する。川本は人形を使ったアニメーションを作らなかった。これには深い意味があるように思える。その手がかりを得るためには，時代背景を知る必要があろう。『犬儒戯画』が制作されたのは1970年（45歳）であった。『花折り』をトルンカに見てもらった後の1968年8月20日から21日にかけての夜，ソ連軍とその同盟軍がチェコスロバキアに侵攻する事件が起こった。この侵攻は，日本の知識人に大きな動揺をもたらした。それは川本も同様であった。トルンカを心配した川本はトルンカに手紙を出すが返事はない。しかしトルンカは川本の名前を代表としてあげ，世界各国から励ましの手紙をもらったと1968年12月28日付けの新聞に書く。川本はこの新聞記事で「弟子」と自分を紹介してくれていることに感動し，トルンカからのなによりの返事であると思う。そのトルンカは，翌年（1969年），57歳で亡くなる。あまりにも早い死である。トルンカの死は，チェコスロバキアの自由化の波（プラハの春）がソ連軍の侵攻によって終焉したことを示す象徴であるかのようであった。そこで師と仰いだトルンカの，自由化への意志を，象徴的に描くことが川本には必要と思われたのであろう。こうして作られたのが『犬儒戯画』であった。そのため，日本語ではなくフランス語が使用され，彼の怒りの激情を客観化し，人形での演技を白黒のスチールにすることで激情の流露をあえて抑制したと思われる。川本によれば『犬儒戯画』はプラハの春を生んだドプチェク政権へのオマ

10.4 『花折り』から『旅』へ

ージュであるばかりでなく，トルンカへのオマージュでもあった。

さて，『犬儒戯画』の物語をみてみよう。この作品では，ドッグレースが描かれる。ドッグレースのスターターは，レースについての真実を民衆に訴えかける。しかし，観客はまったく耳を貸さず，スピーカーから流れる大きな声に誘導されるままである。そんなとき，スターターは一発の銃弾に倒れる。興奮した観客は，レース場に入り込んで自らドッグレースの犬に変身し，レースに参加し始める。スターターの身体からは血が流れ出し，そこから一本の薔薇が花開く。ここまではモノクロ画面であるが，薔薇にだけ赤く彩色されている。最後に現れたこの薔薇は，象徴的な意味が込められていると思われる。アニメーションを通じて政治体制への批判を続け，そして亡くなったトルンカに，川本が遠い日本からアニメーションを通して献花したものではないかと思えるのである。

『鬼』は，『犬儒戯画』の2年後，1972年に発表された。川本47歳のときの作品であった。『鬼』という表題が象徴的である。『鬼』は『今昔物語集』の中の一つのエピソードを原作としている。しかし原作には語られていない母親の悲惨な生涯が絵物語風に簡潔にまとめられた。そしてそれを「むごい生涯」と説明し，母親の行き着いた姿を老婆として示す。しかし現実には彼女には立派に成長した2人の息子がいた。息子たちは彼女に「お母さん」と呼びかける。この2人の兄弟が鹿撃ちに出かけると，後ろから何やら得体のしれないものがついてくる。兄弟の一人が木に登って鹿を待ち構える準備をすると，髻(もとどり)を鬼につかまれ，身動きできなくなってしまう。彼は下で鹿を待つもう一人に向かって，声を頼りに矢を射るよう頼み込む。うまく矢が腕に当たり，鬼の腕を切り取る。兄弟が切り取った鬼の手を持ち帰り，灯にかざしてみると，それは母の手であった。寝屋では母が腕から血を流している。母は鬼の姿に変身し，切り取られた腕をかざし，踊り狂いながら，虚空に消えてゆく。

『犬儒戯画』でチェコスロバキアの体験した政治状況に対する怒りを諷刺劇に仕上げた後で，川本が『鬼』を描いたのは，日本の古典の語りの中にも，日常の中に存在する鬼の目は滅びることがなく，どこにも偏在しているとの現実認識のためと思われる。母ですら息子にとって鬼となり得るという認識は，プ

ラハの春の体験が川本にとっていかに深刻であったかを想像させる。

10.5 アニメーション作家としてのアイデンティティの確立

『鬼』で示された現実認識が，より進展し，一つの悟りの境地として定着されたのが，次の作品『旅』においてであった。『旅』は，1973年（48歳）の作品である。

『旅』では蘇東坡（蘇軾）の作と伝えられる詩偈，

　　廬山は煙雨

　　浙江は潮

　　到らずんば千般の恨を消せず

　　至り得帰り来たれば別事なし

　　廬山は煙雨

　　浙江は潮

が引用される。この詩偈は，川本のお気に入りであったようで，チェコでの旅の最中にも友人に向けて書かれた手紙の中に見出される。そこでは川本独自の解釈がなされている。すなわち，人生の旅は苦の認識，しかしそれを認識しても，自分の周りは変化せず，自分は変わってしまった，というものである。人生の旅を苦の認識としたところに禅の影響があり，理解の深まりがあるように思われる。そして前作で語られた日常に存在する鬼の目が苦の認識と定義され直された。

『旅』は象徴的な話なので，粗筋を語るのが難しいが，試みてみよう。東京の雑踏の中にいる娘が，スチール写真で示される。彼女が電車に乗り，旅行の吊り広告を目にする。娘の旅への憧れが示される。そして蘇東坡の詩偈の前半部分が示される。ここからアニメーションが始まる。飛行機が空を横切ってゆく。彼女は旅に出たのである。旅先はヨーロッパであるらしい。風物が，日本にはないような彫刻や建物で溢れている。降り立った娘は，盲目の男に道案内を頼まれる。しかし，いつしか男は娘を先導し，地下道を通り，迷路を抜け，塔に上る。塔の先端で，男は，娘に前方を指し示す。そこにはさまざまなオブ

10.5 アニメーション作家としてのアイデンティティの確立

ジェが断片的に散乱し，統合がみられない。そこに一瞬，美しい神殿が現れる。しかし，すぐまたもとに戻ってしまう。男はどういうわけか塔から落下してゆく。娘は驚き，迷路を戻り，奇妙な店を通り，街中に走り出る。ダリの描く，歪んだ空間の中のようで，娘の逃走は空回りする。遠くに戦車と兵士が見えるので逃げようとするが，いつの間にかもとの場所にいる。隠れた建物の前を戦車が何台も通過する。その後で座禅を組んでいる青年が現れ，突然，燃え上がる。場面が転換し，娘は砂浜で沖を見つめ，座っている。横に青年が現れ，娘の腰を抱く。仲睦まじい2人は裸になっている。娘は立ち上がり，貝殻を取り上げ，青年に示すが，目の前から青年はいなくなっている。また場面が転換し，娘は，メデューサの首を持ったペルセウスの石像の立つ噴水の前に立っている。噴水の周りの人々は石になっている。噴水の池を覗き込んだ娘には，老婆に変わってしまった自身の顔が見える。フッと見ると2人の旅の青年が立っており，その一人のインド人が，娘にニッと笑いかける。思わず娘は近寄ろうとするが，身体が動かない。足から石化が始まってしまっていた。青年は僧侶に変身しながら立ち去る。残された娘は，悲しみのあまり顔を手で覆うが，やがて全身が完全に石化してしまう。般若心経が流れてくる。娘が曼荼羅の中央で座禅を組み，瞑想している様子が示される。そして飛行機が飛ぶ。ふたたび，娘のスチールが現れ，彼女が雑踏の中にいることが示される。初めに娘が雑踏の中にいたのと同様，ラストも雑踏の中である。こうして蘇東坡の詩偈が現れ，後半部分にある「別事なし」の部分が大きな文字で表示される。雑踏は「別事なし」のように今もかつても同様にそこにあるが，旅を経験した娘は，心理的に大きな変革が生じてしまっていて，同じではない。

川本は，『旅』において，チェコスロバキアで起こった政治的変動とそれに命を懸けて批判した師トルンカの姿を重ね，そうして変動は誰にでも起こり得るこころの内面の旅として寓話に仕上げた。たとえば，戦車や兵士は，ソ連軍の侵攻を暗示し，燃え上がる座禅を組んだ青年はヴァーツラフ広場で焼身自殺したプラハ大学の学生ヤン・パラフを暗示し，塔上から見る断片化したオブジェはチェコスロバキアの政治的な混乱を暗示する。こうした現実に接した娘は，その不条理を乗り越えるために，禅的瞑想を試みた。しかし，娘が悟りを得た

かどうかは明示しないまま，都会の雑踏の中に彼女は戻ったのであった。このときトルンカの元への旅から10年が経過していた。

10.6 人生は旅

　以上のように川本は，中年期においてやむにやまれぬ願望に突き動かされチェコスロバキアに出かけトルンカに会った。そして彼から人形の本質の教えを受けた。その教えを実現するかのようにアニメーションを作り始めた。中年期危機の乗り越えのプロセスとして，人形アニメーションの制作があり，『旅』にみるように自身の旅の経験を象徴的に総括する必要があった。アニメーション作家としての自身のアイデンティティの確立に，中年期危機とその乗り越えが大きくかかわっていた。人間のこころは，中年期においてもなお発達するものなのであった。人生は旅であるとの認識が川本のアニメーションの根源にあったと思われる。

11 「現実が歪んで見える」
——現実の生きにくさ

　現代のアニメーション作家である山村浩二は『頭山』や『カフカ　田舎医者』において，外界が歪んで認知される様子を描いている。テレビアニメーションにおいても今　敏監督は『妄想代理人』において現実が歪んで見える様子を描いている。現実が安定し，不変であるといった認識をアニメーションは容易く覆す。こうしたアニメーションの表現は，現実の不安定さ，現実によって喚起される不安をよく表現している。そこでここではより現実の歪みの表現が顕著な山村の『マイブリッジの糸』(2011) を取り上げて検討してみたい。山村作品は人間の不条理な側面を描くことから，難解で，さまざまな象徴が描きこまれる。『マイブリッジの糸』もそうした作品である。しかしそうでありながら，この作品には山村のライフサイクルのテーマも盛り込まれ，臨床心理学的にみて大変興味深い。

11.1 『マイブリッジの糸』の内容

　『マイブリッジの糸』は時間をアニメーションで表現することを試みており，多くの象徴的な表現がある。しかし，物語は大きく2つのもので構成されている。一つは映画の父とよばれているエドワード・マイブリッジ（Eadweard Muybridge, 1830〜1904年）の物語，もう一つは日本の母娘の物語である。赤ん坊の子と母親の手が交互に上になるように描かれる。繰り返されるにつれ，赤ん坊の手は大きく成長し，母親の手は徐々に皺が寄り年老いてゆく。このシーンの後にタイトルが現れる。時間の流れが，子どもの成長と母親の老化によって暗示される。

　タイトルの後にマイブリッジの写真と彼の業績の紹介がある。マイブリッジの目のアップに映る馬が走る姿と，目を閉じた後の暗い中に馬がやはり走りす

ぎるように描かれる。目を閉じると同時に秒針の進む音が聞こえ，マイブリッジが時計を見ている姿が映し出される。馬のトロット（速歩）で走るところを撮影する場所に立って，まさにその撮影を始めようとしているところであった。マイブリッジは現実の馬の走りを多くの写真に撮影し，時間を個々のスナップ写真に定着させようとした。このマイブリッジの象徴的な場面からアニメーションが始まる。

　マイブリッジの伝記によれば，カルフォルニアの名士であるリーランド・スタンフォード（Liland Stanford）の要請にこたえるように馬のトロットで駆ける姿を，連続的に少しずつ時間をずらせて，撮影することに成功した。馬は，19世紀において，農作業，移動手段や娯楽のために必要な動物であったことがそうした撮影に対する熱意を呼び起こした（Adam, 2010）。その後，マイブリッジは，動物の動きの写真を撮り，人間の動きについても同様に撮影し，10万枚もの膨大な数の写真を使って目で見る動きの事典のような本として出版した。彼の本は，彼の名を世界的に有名なものとし（Adam, 2010），後年アニメーション関係者の必需品となった。また，マイブリッジは動物の動く写真をもとにした絵を使い，その絵をスクリーンに投射して，多くの観客に，動物の動きを再現してみせた。これは一種のアニメーションであり，その上映でもあった。山村がマイブリッジを取り上げた理由の一つにアニメーションの先人への敬意の念もあるのであろう。

　アニメーションではマイブリッジの履歴に関連して3つの年号，1877年，1867年，1893年が登場する。1877年には，馬のトロットで駆ける姿の撮影をし，1867年には，イギリスから2度目となるアメリカ渡航をし，写真家と名乗るようになり，1893年には，動きを投射して多くの人に見せるゾープラクシスコープ（Zoopraxiscope）をシカゴのWorld's Columbian Expositionで上映した。

　マイブリッジの履歴の中ではそれ以外にも大きな事件が知られている。それは妻フローラ（Flora）の愛人ハリー・ラーキンズ（Harry Larkyns）を射殺した事件である。アニメーションでは，マイブリッジの結婚，妻の不倫，赤ん坊を連れたマイブリッジ一家の汽車旅行，マイブリッジのラーキンズ射殺のエピ

ソードがつなげられる。

　汽車旅行でのエピソードでは，車中で妻が赤ん坊を抱え，その赤ん坊をマイブリッジが凝視する。赤ん坊は妻の唇をもてあそぶ男の顔になり，愛人がそのまま赤ん坊になっていく。マイブリッジは，汽車旅行の車中で，赤ん坊を見て猜疑し，確信したのである。現実が猜疑心によって大きく歪んで見えてしまう。その確信が，射殺事件を引き起こしているようである。

11.2　日本の物語

　『マイブリッジの糸』のもう一つの物語の舞台は，現代の日本である。妊婦が料理しようとしている魚の腹から懐中時計が出てくる。その懐中時計は，19世紀のマイブリッジが，妻の愛人を殺害した後，妻の写真を埋め込んで海中に投げ込んだというそのものであった。100年以上の時を経て，時計が現代に現れた，というところにも時間のテーマが潜んでいる。料理を作っていた妊婦には，子どもが生まれ，母は成長した娘と2人でピアノを演奏する。2人の手が交差して，鍵盤を叩く。別の場面では娘が階段を上ってゆく。母親は階段を下りてくる。娘は床の上の人形を取り上げる。ピアノを弾く母親と娘の手のアップ。母親は置き忘れられた娘の人形を手に取る。母親は娘を抱きあげる。母親は娘の手を引いて歩く。母親と娘が2人並んでピアノを弾いている。娘はブーケを持って母親のところにやってくる。

　こうした日常の場面の横には細かな砂の落下が描かれる。砂は，未完成の馬の身体に落下しており，少しずつ埋まって馬の完成形に近づき，やがて首が現れてくる。こうして馬の砂時計とともに子どもの誕生と成長，親の老化が，人間の営みの永年の繰返しとして，象徴される。母親と娘の日常描写の間には，マイブリッジの撮影した写真から作られた動物たちの歩く姿が挿入され，両者が交互に提示される。

11.3 2つの物語の関連

　マイブリッジの物語と日本の母娘の物語に直接的なつながりはない。両者を媒介しているのはマイブリッジの持っていた懐中時計であり，それが魚に食べられ，日本の妊婦が魚の腹の中から懐中時計を取り出すということで，つなげられている。こうして懐中時計が媒介されているとはいえ，マイブリッジと母親とは，物語上の連続性は何もない。

　さてアニメーションで描かれるマイブリッジの生涯は，企業家としての成功物語と，その一方で家族の崩壊が描かれる。これはどのように考えることができるのであろうか。山村は1964年生まれであり，『マイブリッジの糸』は2011年の作品であるので，彼が47歳のときの作品ということになる。では山村の描いたマイブリッジはどうだったのであろうか。1830年生まれのマイブリッジが，離婚歴のある19歳の娘フローラと結婚したのが1871年，41歳のとき，馬の最初の撮影が1872年，42歳のとき，ラーキンズ射殺が1874年，44歳のとき，裁判の結果妻を守るのは夫の務めと認められ（Solnit, 2003；Clegg, 2007），無罪となるのが，1875年，45歳のときであった。マイブリッジには，このように社会的な名声を獲得し，世界的な作品を世に広めてゆくという陽の世界と，その一方に影の世界があった。その影の年代が40歳代前半であった。先の章で紹介したように，30歳代後半から40歳にかけての中年期危機の時代に，アニメーション作家や漫画家は，それまでの経過を一度中断し，次のステップに備える。マイブリッジの家庭崩壊も，そうした中年期危機の一つの現れと思われる。アニメーション作家や漫画家では中年期危機において創造性の開発が認められたが，マイブリッジでは家族崩壊といったネガティブな一面が現れてきていた。

　山村（2011）は，最初，マイブリッジの殺人には関心をもっていなかったという。それが徐々に重要な位置を占めるようになった。『マイブリッジの糸』以前の『頭山』『年をとった鰐』『カフカ　田舎医者』の3作の登場人物（動物）は，いずれも社会に馴染めないものたちであった。そうした社会に馴染めないものたちの延長に，マイブリッジがいると山村は考えたのではなかろうか。

11.3 2つの物語の関連

　一般的に，多くの作家の描く登場人物には，作家自身が投影されている。そして山村にとっての社会に馴染めないといった側面が，マイブリッジに投映されているのではなかろうか。愛人の殺害といった出来事を象徴的に描く山村にとって，社会に馴染めない自分自身の心理的な殺害とも見ることができる。山村は，『頭山』によってアカデミー賞にノミネートされ，アヌシー，ザグレブ，広島といった3大国際アニメーションフェスティバルでグランプリを獲得し，アニメーションの世界で世界的名声を獲得した。この点はマイブリッジが世界的名声を獲得したことに対応する。しかしそのマイブリッジは社会に馴染めないもののように殺人を犯した。山村は，このマイブリッジに自身を仮託し，世界には馴染めない自分が，その一面を象徴的に殺害することで，新たな自己が生まれ出る，といった死と再生の物語を描いたということなのであろう。

　そしてマイブリッジの殺人にまつわる物語の一方に，現代の，日本の母娘の物語が設定された。日本での場面では雨が降っているようで，雨音が聞こえる。そして日本の家族には，父親が描かれない。これが示していることは，不在の父親が，母娘の日常の繰返しに支えられている，ということである。つまり，マイブリッジの物語と，日本の母娘の物語は，山村自身の家族についての象徴的な物語とみることができる。山村の海外での大きな賞の受賞といった活躍は，日本での母娘の絆の支えがあって成り立つのであり，それがまた世代をつなげてゆくと確信している。それが懐中時計の時間を大きく隔てた時間的また空間的移動の意味であろう。

　アニメーションの途中で，箱舟の上のノアが，小さな娘にブーケを渡すシーンが挟まる。日本のシーンと同様に，ノアの箱舟のシーンでも雨が降っている。そのノアはいつの間にかマイブリッジの姿になっている。小さな娘はブーケを母親のところへ持って行き，母親は受け取る。女の子がブーケを渡す行動はマイブリッジの連続写真の一つにある（Plate 465 : Child bringing a bouquet to a woman）。ここにも時間をつないでの連続がある。ただノアの時代からマイブリッジを経て現代の母までに至る経緯であるので，単なる時間の連続ではなく，神話的世界からの世代を越えた連続の意味もある。山村が『マイブリッジの糸』で暗示していることは，自身が家族に支えられていることと同時に，それ

よりもはるかに根源的な神話的世界の支えもあるということである。

11.4 百科全書

『マイブリッジの糸』には，上述のように，ノアと箱舟が出現した。そのノアはマイブリッジに変身していたのであった。これはどういうことなのであろうか。

山村（2011）は，マイブリッジについて，世界を百科全書的にとらえようと執拗に写真を撮り続けたのではないかと語っている。マイブリッジの伝記を書いたクレッグ（Clegg, 2007）もマイブリッジの動物写真をノアにからめて語っている。ノアがひとつがいのすべての動物たちを箱舟の中に集めたということは，百科全書的な意味合いがあるように思われるのである。そしてそうした百科全書への関心は，山村自身のものでもあった。

山村は学生時代から百科全書的な内容の作品を作ってきている。学生時代の作品の一つの題名はまさに『博物誌』である。この作品では目玉から始まって，それがいろいろな滅びた動物に変身してゆく。また学生時代の別の作品は『天体譜』という題名であった。この作品では天空の星の配列にさまざまな動物を見るというもので，やはり百科全書的である。その後の作品には『ひゃっかずかん』というそのものズバリの題名の作品もある。別の子ども向けの作品の題名は『バベルの本』であった。本の世界に入り込んで，子どもがその世界の現実に取り込まれる。作品のタイトルが『バベルの本』であるから，たくさんの言語の本が集められているだろうことが暗示される。百科全書への山村の関心がよく表れている。山村のアニメーションは，世界をもっとよく知りたいといった意図を反映しているようにみえる。

11.5 おわりに

山村（2011）はアニメーションを見て哲学することが始まってほしいと語っている。アニメーションはきっかけであって，それを見ることで本を読み調べ

11.5 おわりに

思索し人生に役立ててほしいと念願している。そして『マイブリッジの糸』は哲学することのよい素材と思われるし，心理学的にみても興味深い点が多い。それは山村のライフサイクルの流れの中でこの作品の意味を考えると，作品が明確に位置づけられるということである。それまでは個（『頭山』(39歳)，『年とった鰐』(41歳)，『カフカ　田舎医者』(43歳)）について語ってきたのが，ここでは「家族」について語った。つまり中年期危機の乗り越えと，新たなテーマの発展ということがあったのではないかと思われる。

　アニメーションのエンドタイトルにはマイブリッジの写真が使われている。それは女の子が女性にブーケを持ってくる写真であった。このとき，雨音と雷鳴も聞こえる。ノアの箱舟のシーンでは雨が降り，東京のシーンでも雨は降り続き，母親の生活の背後にも雨音が聞こえていた。それがラストにも続いていた。アニメーションの制作途中に，東京を水没させるアイデアがあったとのことである（山村，2011）。しかし雨が降り続いて止まないということとノアの箱舟が暗示するように，箱舟に乗った動物以外はすべて洪水によって滅びてしまう。そしてタイトルバックの写真と雨音・雷鳴は，家庭内の母と娘が，箱舟の中の生き物であり，彼らが生き残ることを暗示する。母と娘の関係は，永遠につながってゆくことの象徴でもあった。

　一方，アニメーションの始まりのほうで，マイブリッジが撮影を始めようとしている糸に手をかける。その後ろにはノアの箱舟の船上で動物たちが一列に並んでおり，一斉に走り出そうと前のめりになる。これは神話的世界から現在まで連綿とつながる時間の流れがあることの暗示でもあろうが，その出発を決定するのはノアなのである。男性である家長のノアが，出発の時間を決定する，と言っているようであり，これは山村が大学で学生たちにアニメーションを教えるようになったことと関連し，後に続く者たちを指導することの意味合いもまたあるのであろう。後進を育てることで，時間の流れが続くことの意識もまた潜んでいることであろう。こうした育てることのテーマは，心理学的には，成人期のものであり，山村の年代に相応しいものである。

注）本章は日本大学文理学部人文科学研究所研究紀要（2012）に発表した論文を改訂したものである。

12 「私って？」
——いつまでも問い直し

「私って？」という問いは，若いとき，とくに思春期において繰り返される問いである。先に紹介した『NARUTO-ナルト-』では，主人公のナルトが「火影になる」と周りに語りかけながら，自分の影や分身のサスケに出会うことで，「私って？」という問いに答えるさまが示された。しかしそうした問いは，思春期のものとは限らない。ライフサイクル論によると，中年期や老年期においてもそれまでの生き方の問い直しがあるという。つまり「私って？」と繰返し問い直しながら，それに答えるように，自我が発展してゆく。そうした発展の様相は，アニメーションのように制作に日数がかかり，しかも多くの人が関わって成り立つ媒体よりは，比較的個人作業に近い漫画に現れやすいであろう。そこで，ここでは個性的な作品を発表し続けて，社会的にも高い評価を受けてきている漫画家の諸星大二郎（1949年7月6日生まれ）についてみてみたい。

12.1 諸星大二郎

諸星大二郎の漫画では特異な世界が展開する。その業績は高い評価を受けている。その証拠に，第21回日本漫画家協会賞優秀賞（1992年），第4回手塚治虫文化賞マンガ大賞（2000年），第12回文化庁メディア芸術祭マンガ部門優秀賞（2008年），第64回芸術選奨文部科学大臣賞（2014年）を受賞した。

漫画家デビューは1970年雑誌「COM」に発表した『ジュン子・恐喝』（21歳）であった。したがって漫画家として40年以上の経歴をもつ。諸星の作品は，登場人物が異界との境界において恐怖を体験するものが多い。臨床心理学的に注目したいのは，影や分身である（横田, 2008）。影は夢の中にもう一人の自分として現れ，自分の負の側面として登場する。分身も，同様に，もう一人の自身として登場する。こうした影や分身には，諸星の作品の中で，ライフ

サイクル的変遷がみられる。まずはライフサイクル的変遷の起こりやすい 30 歳頃, 40 歳頃, 50 歳頃, 60 歳頃の作品をみてみたい。

12.2　30 歳頃の作品——『マッドメン』シリーズ

　諸星の 30 歳頃の作品の中では, まず『マッドメン』シリーズの最終話「大いなる復活」(初出 1981 年, 32 歳) に注目したい。『マッドメン』シリーズには「オンゴロの仮面」「森からの脱出」「森のマリア」「カーゴの時代」「天国の島」「黒い森のナミテ」「変身の森」があり, これらに続くものが「大いなる復活」であった。

　「大いなる復活」は, 日本人の娘ナミコが, ニューギニアのガワン族のコドワのところへやってくることから始まる。コドワは, ナミコの父が現地の女性に産ませた子で, ナミコの兄にあたる (『マッドメン』1975 年, 26 歳))。コドワの全身には彫り物があり, 胸には首長としての象徴である「ン・バギ」が彫られている。ナミコの到着と同じくして悪霊アエンの仮面が人に憑りつき, 悪霊の力が解放されてしまう。コドワは, 森の守り神の意志を受け継ぎ, アエンを滅ぼそうと戦いを挑むが, アエンの仮面の男にコドワは「ン・バギ」の彫り物を傷つけられ, 倒れてしまう。

　コドワを助けようとしたナミコは, デマ・カカラからオンゴロの創世神話のナミテの役割を再演することを教えられる。森をさまようナミコは, 儀礼的に自らの死を体験し, ナミテとして復活を果たす。彼女は, 神話に語られたエピソードを再現することになり, それによってコドワは息を吹きかえすことができた。しかしナミテがそのまま神話で語られたことに従うならば, オンゴロ岩のところで死ぬ運命にあった。蘇生したコドワは, オンゴロ岩のところで, 神話の繰返しを拒否すると宣言する。そしてナミコの手を取って逃走する。こうしてコドワとナミコは, 都会での生活を離れ, 森の奥深くで 2 人の生活を始める。

　ここでは, 神話世界と現実世界の並行関係が示されながら, コドワの死と再生が語られ, また同時にナミコの死と再生も語られる。もともと兄妹であった

ナミコとコドワが死と再生を体験することで，成人の男女としての親密な関係が築かれた。親密な男女の関係の形成は，成人期のテーマである。とすると，諸星は，自身が30歳の頃に青年期から成人期への移行期を描いていたことになる。

　この際，注目すべき点は，悪霊アエンである。森の守り神ン・バギと悪霊アエンはいずれも森の奥から来たものであって，光と影の関係にある。つまりン・バギはコドワの分身，そしてアエンは彼の影とみなせる。河合（1987）は『影の現象学』で，影を殺害することは自身を傷つけずにはいられないことを示している。物語ではコドワは影を倒すが，そのために分身のン・バギは死に，彼自身もほとんど死んだ状態になる。つまりコドワが，成人になるためには影を倒し，自身の死を体験し，彼を再生させる女神ナミテに出会う必要があった。青年期において，成人期に至るためには，コドワが体験したように，すさまじい死と再生の心理的な体験を経る必要があったのである。

12.3　40歳頃の作品——『天孫降臨』

　『天孫降臨』は妖怪ハンターシリーズの一つで，主人公の稗田礼二郎が体験したエピソードとして語られる。「第一章　大樹伝説」は1991年（41歳）に，「第二章　樹海にて」と「第三章　若日子復活」は1992年（41〜42歳）に，それぞれ発表された。

　『天孫降臨』に登場する天木　薫と美加の姉妹は，それ以前の『花咲爺論序説』（1985年，36歳），『川上より来たりて』（1988年，39歳）ですでに登場していた。そこで『花咲爺論序説』以降の物語をたどってみることにする。稗田は，発掘調査中に薫少年に出会う。薫は，航空機墜落事故の生存者で，事故に遭ったにもかかわらず，墜落現場から発掘調査の場所まで歩いてきた。彼は，同じ事故に遭った妹の美加が生きていると確信し，探しにいく。稗田は薫に同行する。すると，不思議なことに，美加が花の咲き乱れている塊の中から現れ出てくる。それと同時に，花は完全に消えてしまう。花咲爺が枯れ木に花を咲かせたように，不思議な命の木の花が，美加を生き返らせた。『天孫降臨』で

は、薫と美加の遭遇した同じ航空機事故の生き残りであった女性が、命の木を暗示するような新興宗教教団「光の木」の教祖となっていた。その女性は、命の木の種子を手に入れることに執着し、それによって永遠の生命を得ようとする。生命の木によって生かされた美加を連れ去った教祖を追跡した稗田は、助け出した美加とともに強い爆発によって弾き飛ばされてしまう。一方、薫はその爆発の中に取り残されてしまう。不思議な力をもつ美加は、薫の生存を確信する。「第三章　若日子復活」では、薫を助け出すために、美加と協力し、稗田は、古事記の雷の神の名で薫を呼びかけ、薫は自らの身体を復活させることができた。しかし、新興宗教の教祖となっていた女性は、復活に失敗する。このようにここにも、薫の死と再生が描かれていた。つまり『天孫降臨』というタイトルが暗示していることは、薫が、神の子として誕生するということであった。先の『マッドメン』のコドワは神話を生きると宣言し、その10年後には神の子の物語が語られた。つまり自我の確立した成人が、子どもの誕生を迎えたということであり、子どもの誕生はまさに成人期のテーマであった。

12.4　50歳頃の作品——『碁娘伝』の「第4話　基盤山」

　次に50歳頃の作品をみてみたい。碁の名人で、しかも剣の達人である女性碁娘が主人公の『碁娘伝』の「第4話　基盤山」がその頃の作品の一つである（初出2001年5月号雑誌「月刊コミックトムプラス」、51歳）。碁娘は父を陥れた男を暗殺し、その彼女を呉壮令という剣客と碁の強い李核が、一緒になって追跡する。「第4話　基盤山」では、呉壮令が、基盤山で碁娘と決闘する。よく知った山で戦う碁娘は、呉壮令を寄せ付けない。結局、呉壮令と李核は、碁娘を取り逃がす。彼らは剣と碁のそれぞれ1つを得意とするが、碁娘はそれらを統合した全体を理解できる。つまり武術と碁を戦わせる知力が彼女の中で1つに統合されていた。

　碁娘と同様のイメージが、『西遊妖猿伝(さいゆうようえんでん)』に登場する竜児女にも見出せる（竜児女の初出では異なる表現になっているが、ここでは50歳代の描き直されたものを扱う）。彼女は、女侠客で、五行山の白雲洞に宿る神のような斉天大

聖の霊気を受け神秘の力を発揮することができた。主人公の悟空が，竜児女に導かれ五行山へ入り，武術の訓練を施される。悟空は，当初は竜児女に歯が立たないが，やがて熟達する。唐軍が，五行山に侵攻してくる。一人で唐軍に立ち向かった竜児女は瀕死の重傷を負い，悟空は彼女の死を看取る。ここにも死と再生のイメージが描かれる。つまり，竜児女の死の後で悟空に彼女の遺志が受け継がれるということで，次世代への引き継ぎがあったとみることができる。

諸星は，碁娘，竜児女に代表される女性のもつ知力と武術が，悟空のような若い男に引き継がれることを示した。

12.5　60歳頃の作品――『夢見村にて――薫の民俗学レポート』

60歳頃の作品はどうであろうか。この頃の作品の一つに『夢見村にて――薫の民俗学レポート』（2012年，63歳）がある。先述の『天孫降臨』の薫が主人公である。彼は民俗学専攻の大学生となっており，稗田は彼に先生と呼ばれる立場になっている。

その薫が夢信仰といった特異な風習の残った夢見村にフィールド調査にやってくる。彼は村で夢を多く見るようになる。村人たちは，彼の見た夢の内容を執拗に知りたがる。夢見村の起源には夢が深くかかわっていた。つまり，飢饉のために放浪するようになった数家族が，少女が見た夢をたどってたどり着いた土地に住み着くようになって村ができた。夢が村の運命を導いたがために，村人たちは，夢をほしがるのであった。薫の夢も，村人たちには知りたいものであった。こうして夢にまつわる殺人事件まで起こってしまう。薫の夢に登場した美女は，村人たちを夢見村に導いた少女であった。少女は死後も夢の神として村人に夢を送り続け，導いた。しかし村人は，夢を私欲に利用するようになってしまった。そのため夢の神は薫を介して村人にもう夢を送らないと伝え，崩れ落ちる。夢の神の発言は，心理的な死の受容に関連する。死の受容は，ライフサイクル的にみて，この世代の心理的なテーマである。

12.6 ライフサイクル的変遷

　諸星の作品をみてみると，ライフサイクル的変遷が認められ，その中心には，女性像がある．30歳頃の『マッドメン』シリーズで，ナミコはコドワの命を救い，創世神話の女神を演じることとなり，コドワと神話的世界に残る，つまり結婚が暗示される．40歳頃の『天孫降臨』では，美加が兄薫の姿の再生を実現させる天孫降臨の神話の女神像に重なる．「死と再生」を促す力が示され，出産が象徴される．それが50歳頃の『西遊妖猿伝』の竜児女では悟空を訓練し，子育てがテーマとなる．そして60歳頃の『夢見村にて──薫の民俗学レポート』の夢の神は，自ら消滅することを決意し，「死」が受容される．諸星の作品では，10年ごとのステップで結婚，出産，養育，死の受容といったそれぞれの発達的なテーマが暗示されていた．これらの年代は，ライフサイクル的な転換点を示している．しかし，転換点を経た後にどのような年代の特徴があるのであろうか．

　諸星作品の登場人物たちは，影や分身にかかわる恐怖と不安を体験するのであるが，まず20歳代の作品の主なものからみてみよう．

12.7 20歳代の作品

　20歳代の作品『不安の立像』（1973年，24歳）では，男が電車の窓の外に立っているだけの黒い影に気づく．知ろうとするがわからない黒いものが「不安の立像」と命名されたのである．ここで描かれる闇について作品の中で「私自身の意識の暗闇にどこかでつながっているのではなかろうか……」と語る．自我の分身として影のような存在が描かれ，それはこころの中の闇につながると考えられる．

　20歳代の長編作品に『暗黒神話』（1976年，26歳）と『孔子暗黒伝』（1977年，28歳）の2作品がある．これらの作品では，神と人間の関係が描かれ，影と分身が暗示される．『暗黒神話』では，主人公の少年が，神のスサノオの分身として登場し，永遠なるものとの契約のしるしとして体に傷が次々とつけ

られてゆく．契約が完了し，少年は暗黒神の力を獲得する．『孔子暗黒伝』では，主人公の2人の少年が登場し，それぞれが善と悪として，互いの影であることを自覚する．釈迦に出会い，2人は同じ1つの体に合体する．そして，自身のアイデンティティを求めて旅を続ける．

このようにみてくると20歳代の作品は，影に出会い，自身のアイデンティティをめぐって旅をする主人公が描かれ，アイデンティティの確立がテーマとなる．こうした自我が，30歳の頃に結婚のテーマに至ったのである．

12.8　30歳代の作品

30歳代を代表する作品には『西遊妖猿伝』（1983～87年，33～38歳）がある．この作品に登場する竜児女については先に触れた．ここでは主人公の孫悟空についてみてみたい．彼は『西遊記』とは異なり，人間の子どもである．人間ではあるが，怨念の凝縮した妖怪無支奇（自ら斉天大聖と名乗る）の力を宿される．激情が彼の心の中に潜む斉天大聖の本性を呼び覚ます．現れ出る斉天大聖は，人間を見境なく殺す．そのときには，悟空は自らの名前を忘れる．激情に駆られ，自我を失った悟空は，三蔵の唱える経を聞くことで，自身の名前を思い出す．すなわち悟空は斉天大聖という影を心の中に宿していた．激情がその影を呼び覚まし，自我を失わせたのである．

心の中のコントロールできない暗黒は，象徴的に，短編『影の街』（1985年，36歳）に描かれた．主人公明夫が，未知の少年に未知の街角に誘われる．そこでは，巨大な人影がバリバリと人を食べていた．その巨大な影が明夫に迫り，顔を見ると，それは明夫のものであった．明夫は恐懼し，ピストルを撃つ．未知の少年は明夫の分身であり，巨大な影は明夫の影であった．

影との関係は『太公望伝』（1987～88年，38歳）でも描かれた．竜を釣り上げた太公望の話の漫画化である．釣りをしている主人公の姜のシャンは，神のような老人から竜の釣り方を教えられる．そしてその教えに正直に従った彼は釣針のついていない竿を使って，釣れるはずがない魚を，釣り上げてしまう．神のような老人との再会を求め40年間放浪し，結局元の場所に戻って釣り糸

を垂れ，精神が自然と一体になったときに，再会を果たす。実は，求めていた老人は自身の影であった。『無面目』(1988〜89年，39歳）では，顔がない混沌という神が，顔をもったために，外界を知り，悪徳の限りを尽くすようになる。そして一人の女を愛する。悪事の露見によって，逃亡し，隠棲生活を始めるが，人間である女は年老いて死ぬ。混沌は，自分が何者かを問い始め，結局わからないまま死んでしまう。つまり，女との結婚後においてすら，自分が何者であるかの問いが発せられている。成人期においてなお，自分自身への問いかけが起こる。30歳代後半に起こる中年期危機においてそれが典型的にみられる（横田，2006, 2008）。

30歳代の作品においては，影の力が圧倒的な強さをもつが，それでもそれをコントロールしようと試みられる。こうした時期を経て，死と再生が象徴的に描かれた。

12.9 40歳代の作品

40歳代の代表作品としては『西遊妖猿伝』をやはり取り上げるべきであろう。1987年に中断し，1992年（43歳）に再開されたからである。悟空は，激情ゆえに斉天大聖に支配されることが少なく，その力をコントロールする。さらに，「天竺へ行く」と三蔵に向かって意思表示する。悟空のアイデンティティが確立したとみなすことができる。

しかしそればかりでなく，悟空の影の存在の紅孩児との関係の終結が描かれる。彼は，悟空を，唐の転覆計画に執拗に引き入れようとするが，結局悟空は，上記のように，天竺への意思を明確にした。その結果，2人は戦う。悟空は戦うことが無意味であることを彼に示そうとするが，引き下がろうとしない彼の頭を叩き割る。紅孩児は，悟空の行動を妨げる影であり，悟空はその影を葬った。アイデンティティの確立と，影との関係の清算が済んで，新たな旅立ちが開始され，三蔵を追って悟空が砂漠へ出てゆく。こうして再度『西遊妖猿伝』が中断される。

以上のように，40歳代の作品では，アイデンティティの確立と影との関係

の清算が示された。こうした作品の後に，竜児女が死んで悟空に遺思を託したように世代の交代が示されるという改訂版が登場した。

12.10　50歳代の作品

　50歳代の特徴は，「栞と紙魚子」シリーズにみることができる。まず，シリーズの中の作品で50歳代に入る前の作品『クトルーちゃん』(1996年，47歳) をみてみたい。この作品では，元気いっぱいな女の子クトルーちゃんの母親が登場する。この母親はなんと巨大な頭をもっていた。その母親は50歳代に入ってからの作品『夜の魚』(2001年，52歳) の中では，身体の一部に魚の特徴をもつが，大きさは人間サイズとなり，『何かが街にやってくる』(2003年，54歳) の中では，魚の特徴も消え，普通の主婦として道を歩く。その母親が夫に一目惚れしたエピソードが『百物語』(2008年，59歳) で語られる。このように，この母親像は，巨大な顔をもった姿から普通の人間の姿へ変容し，描かれる夫は，最初は妻を脅威に感じると描かれるが，徐々にそれが薄れ，『百物語』では夫婦の円満さが示されている。親密関係の描写が，「栞と紙魚子」のシリーズの背景にあった。

　その一方で，影も大きく変化した。妖怪ハンターシリーズの『稗田のモノ語り　妖怪ハンター　魔障ヶ岳』(2003～05年，54～56歳) にそれが認められる。稗田を含んだ男女4人が，魔障ヶ岳で薄ボンヤリした影に出会う。その影に何と名づけたかが，出会った人たちのその後の運命を決定した。つまり稗田以外の人たちは，魔，神，亡くなった恋人の名をそれぞれつけ，結局彼らは破滅した。名前をつけないままにした稗田は，影を引き連れて魔障ヶ岳に戻り，影の母に当たる女性に返す。影と共に，女性は，飛び去る。ここでは影にどのような名前をつけるかによって，人の願望が叶えられたが，しかしそれによって現実には社会適応ができなくなった。影との付き合い方の難しさがここにある。欲望（影に与えた名）によって支配されてしまうのである。影との付き合い方の一つのあり方は，稗田のように，影とただ距離をとる，というものであった。

　さて，以上のように夫婦の親密な関係，影との適切な距離を描いた後はどう

なったのであろうか。2009年（60歳）に再開された『西遊妖猿伝　西域編』をみてみたい。

　砂漠の中で三蔵は，廃墟に至る。仮面の男が三蔵に3つ問いかけをする。彼は，すべて答えられなければ殺す，と三蔵に言う。それらは，俺の名前，俺の母はどこにいる，俺はいつここを離れるか，というもので，無理難題であった。これらの問いは，アイデンティティにかかわる問いであり，通常は自問自答しながら確立される類のものである。それが他者に向かって問いかけられたことがここでの興味深いところである。というのも，問いかけている仮面の男は，青年期というよりは中年期にあるように思われるからである。中年期におけるアイデンティティに関する問い直しは，中年期危機である。諸星は，それよりほぼ20年前『無面目』においても同様な問いを発する主人公を描いていた。先に述べたように，これも諸星自身の中年期危機の作品とみなすことができた。それが，60歳の作品にもふたたび現れたのであるから，ここにもそうした危機が暗示されよう。通常，60歳頃は定年などの出来事が示すように社会的な移行期であり，こうした移行に際しアイデンティティの再確立が計られる。そうしたときの問いを仮面の男が発したことになる。そして結果的に3つの答えすべてを得ることができ，三蔵から沙悟浄という新たな名前を与えられ，彼も旅立つことができるようになった。ここでの意味は，以前の名前の彼が死んで新しい名前の彼が誕生したということであり，死と再生のテーマが再現されたということである。アイデンティティの確立のためには「死と再生」が繰り返されたのである。

12.11　まとめ

　以上みてきたように諸星作品の初期では，根源的な不安が影として外在化されていたが，それが夢の中で自分の影として示されるようになり，さらにはそこにある影として距離を保つ，といったように対象化されてゆく過程があった。こうした過程と同時にアイデンティティへの問い直しが起こり，30歳頃，40歳頃，50歳頃の年代の女神像にも進展が起こった。女神は，ユング（1982）

のアニマに対応するものである。そうした変化の過程において，出産や育児などの成人期のテーマが出現し，「死と再生」のテーマが繰り返されることになった。

注）本章は日本大学文理学部人文科学研究所研究紀要（2014）に発表した論文を改訂したものである。

13 「現実の生きにくさ」
──記憶の扱い

　『NARUTO-ナルト-』では，過去の記憶を思い出すことで，信頼関係が回復するように描かれていた。過去の記憶が，関係の修復に大きくはたらいていた。思い出を扱っている作品で注目されるのは百田尚樹原作の『永遠の0』であろう。『永遠の0』は2014年に映画化され大ヒットし，2015年にはテレビドラマ化された。ここではテレビ版についてみてみよう。

　特攻で亡くなった零戦の搭乗員を祖父にもつ姉弟が，祖父の足跡を探すことになる。姉弟は祖父の存在を直接知らずに育った。祖母の死の床で，それまで祖父だと思っていた祖母の連れ合いから，自分は実の祖父ではなく実の祖父は別にいると知らされ，その足跡を知りたいと思い始め，祖父を知っている生存者を訪ね歩く。間接的に祖父の記憶に触れることで，祖父のイメージが具体的になってゆき，なぜ特攻に行ったのかの秘密を知ろうとする過程で，妻の元へ帰ると固く決意していた祖父の思いを知り，それが現在の姉弟の生き方に影響を与える。つまり過去が現在につながっており，過去の思い出の温かい関係が，現在のあり方を勇気づける。こうした過去の記憶の扱い方は，日本のアニメーションでも比較的よく用いられている。

　たとえば，『ホッタラケの島』でも，父親との関係がギクシャクしている娘が，ホッタラケの島へ行ってしまい，ほったらかしていたがためにホッタラケの島に来てしまっていた母の手鏡を手にし，鏡が覚えていた過去の記憶を手がかりにし，自分が両親からいかに愛されていたかに気づき，その気づきがあって現実に戻ってきたときに父親との関係がスムーズになっていた。過去の体験が自分にとって大切なものであったと気づくことで，現在のわだかまりが解けるのである。『NARUTO-ナルト-』に描かれていたのと同じ記憶の扱いである。

　では，日本以外のアニメーションの中で，記憶はどのように使われているのだろうか。そこでは「現実の生きにくさ」がより強く出てきているように思え

る。

13.1 『デフラグ』

『デフラグ』は韓国のファンボ・セビョル監督の短編アニメーション作品である。

この作品はコンピュータに保存された3つのエピソードから成り立っている。コンピュータ画面が現れ，分析と名づけられたキーがクリックされると，3つのエピソードが次々に現れてくる。エピソード1は，母子の関係が扱われている。母親は仕事のためのプレゼンテーションの知らせを待っているが，その知らせの電話がかかってきたとき食事中の子どもは癲癇を爆発させる。母にはその子の姿が，太い大きな何本もの触手を振り回し，奇声を発する化け物に見える。母親がプレゼンテーションをしている最中に，客席の中から電話の鳴る音が聞こえ，やがてその子どものたくさんの触手がうごめく姿が見えるようになり，観客全体を触手がとらえてしまうまでになる。母親は子どもの親権を放棄することを裁判所で承認する。子どもから自由になった母親は，プレゼンテーションを成功裡に済ますことができた。

エピソード2では男とその父親の関係が描かれる。2人で食事をしている場面である。父親は食事をこぼし，服を汚してしまう。男はその汚れを綺麗にする。食事の準備をする男。父親は食べ物を壁に投げつける。一方で，男は女とデートを重ね，映画鑑賞や食事をし，楽しい時を過ごす。その彼女が男の家を訪ねると，家から父親が現れ，エピソード1で子どもに現れたような巨大な触手を幾本も振り乱す化け物の姿になって，触手で，女も，そこにちょうど買い物から帰ってきた男もからめとろうとする。男は父親を施設に入れることに同意する。父親は施設に預けられる。男は，父親のいなくなった部屋で，女と寛いでいる。

エピソード3では戦争を扱っている。女が地下にある住まいで幾匹かの動物と共に生活している。女は住まいの穴から外に出て，遠くに見える戦車を攻撃し，破壊する。飼っていた一頭が片足を失って血を流しながらやってくる。戦

車を破壊するのをテレビの画面を通して見ていた将軍は，彼女の行為に拍手する。女のもとに将軍の使いが現れて，彼女の胸に勲章をつける。そのとき，敵の反撃が激しくなったので，女は将軍の使いの車に飛び乗って難を逃れる。遠ざかる自分の住まいを振り返りながら，動物たちを思い浮かべる。おもむろに大砲を手にして，自らの手で住まいを破壊する。動物たちが死に，横たわっている。女は，観衆の前で，将軍から勲章を与えられる。

　これら3つのエピソードはいずれもコンピュータに保存された画像であり，画像の断片ごとに違った色づけがされている。その色を指定して，消去のキーが押される。するとコンピュータ画面から，上記の中の，受け入れがたい現実の場面が次々に消去されてゆく。怪物のようになってしまった子ども，怪物のようになってしまった父親，そして自分自身の手で殺してしまった動物たち。残った色の断片に対し「デフラグ」のキーが押される。すると，3つのエピソードで残されたのは，女がプレゼンテーションに成功し，絶頂気分を味わっているところであり，男が女と同じ部屋の中で寛いでいる様子であり，観衆の前で将軍から勲章を授けられている姿であった。

　以上のように，この作品で示されているのは，記録された映像，つまり記憶に残されたものの中で受け入れがたいものは消去され，残したいものだけが残された，ということである。消去された記憶は母親のプレゼンテーションの邪魔になる子どもの振る舞いであり，男にとっては食事をうまくとれないで食べ物を壁に投げつける父親の振る舞いであり，女にとっては自ら施した自分の住まいの動物たちの殺害であった。ここでは日本の作品にみられたように記憶が現実の生活を勇気づけるようにははたらかない。むしろ消去したい出来事として位置づけられていた。

　こうした現実の意味することは何であろうか。奇声を発し化り物に見える子どもの姿は，その母親の感じた現実である。やはり奇声を発し化け物に見える父親は男の感じた現実である。女による動物たちの殺害も彼女の感じた現実であった。そうした体験をする彼らは，いずれも孤立しているように見える。エピソード2の男は女とデートを重ねるにしても，父親のことを伝えていたわけではなさそうである。つまり，いずれも自分のおかれた状況を説明し，誰か他

者に援助を求めるわけではない。その結果，エピソード1の女は裁判所で親権を失うことに同意し，エピソード2の男は父親を施設に入れることに同意し，エピソード3の女は動物たちを失った。つまり忘れたい記憶は，それぞれのおかれた援助のない状況が，作り出したものでもあった。そして，身近な者たちとの別れの後で（記憶の消去の後で），なお喪失感を味わう。エピソード1の女の表情は，賞賛されたプレゼンテーションの舞台で，目が大きく見開かれ，仮面のようになっており，エピソード2の男は，女と同じ部屋にいるが，女が座っているのは父親が座っていたソファーの上であり，男は父親がいたときと同様に女には無関心そうに雑誌を読んでいる。エピソード3の女は将軍に勲章を授けられ，敬礼をする。自由人であったはずの彼女が，軍隊の中にいる。身近に動物たちに取り囲まれていた彼女が，ここでは遠くから多くの聴衆に見られているのであり，親密な場にいるわけではない。こうしてみるといずれの登場人物たちも，以前より強い孤独の状態に陥っているようである。（※本書ではエピソード3の登場人物を女としているが，セビョル監督が著者に語ったことによれば，その登場人物を，女とも男ともとれるようにしたとのことである。）

13.2 『椅子の上の男』

この作品も韓国のアニメーション作品で，監督はチョン・ダヒである。

一人の男が椅子に座っている。彼は椅子に座りっぱなしでいたために動けなくなってしまった。そうして部屋の中を眺めながら，自分は何者で，どこから来てどこへ行くのか，誰が自分を作ったかという問いを発する。やがてその思いは宇宙の果てに届き，そこから地球を眺める神の視点を手に入れる。その神の目で，地球に近寄り，韓国に近寄り，街並みに近寄り，家に近寄り，部屋の中に近寄り，そして部屋の中に座っている男を見つめる位置に至る。こうして見ると，部屋の中にいるのが自分なのか，その座っている自分を見ているのが自分なのかわからなくなる。神の目の視点で，部屋の中を眺めると，いたるところに自分の姿が見える。机の上の平面にも，向かい側の壁にも，鏡の中に，

13.2 『椅子の上の男』

床にも，そこいら中に自分がいる。座っている男とそれを見ている視点が，回転して位置を入れ替える。どちらが本当の自分か，を問うかのようである。幾度か繰り返された後で，神の目の男の腕が，椅子の上の男をつかむ。つかまれた男はもがく。が，つかまれた男は，窓から外へ放り出されてしまう。窓から放り出される男の姿を神の目の視点がとらえる。部屋の中には足の折れた，男の座っていた椅子が残される。そこへ若芽が頭に生えた動く木が現れて，椅子を持ち去る。ナレーションで，椅子を紙工場に売って，紙を買ったと語られ，一枚の紙が画面に現れる。そこに絵筆を持った手が出現し，登場人物の男を描き始める。神の目は，男を描いた手の人のものであった，かのようである。

ここで描かれるのは，座っている男が，いろいろ想念を広げるというものであり，自己の来歴も問うという形をとっているが，結局男は描かれた人物であったということで，描いた人物の分身となっている。しかし，この作品の監督は女性であり，しかもまだ若い。描かれた男性のように中年というわけではない。監督にインタビューした際（2014）に，父親をイメージして描いたのかと問うたところ，そうではなく男という一般への関心をもって描いたということであり，小さい頃からアイデアがどこからくるのか不思議だった，というようなことを語っていた。つまりこの作品は，アイデアの由来を描いているともとれる。それは幼い頃の自身の体験をもとにしている，としても具体的な他者との関係がそこにあるわけではない。椅子に座って動けなくなるということは，椅子の素材の木に根が張ってしまうということで象徴され，足の折れた椅子を処理するのは動く木であった。作品では，木に寄せる思いが強い。人間関係よりもそうした自然との関係の中に，生命の根源への思いがあるようであり，そうした思いが記憶の奥底にあるといっているようなのである。ここにも孤独がある。

2つの韓国の短編アニメーションを紹介した。いずれも若い女性作家の作品である。両監督の描く世界はアニメーションならではの世界である。一方は社会問題を，他方は個人の内面への沈潜を描いている。しかし両者に共通していると思われるのは，記憶はあくまでも個人的な体験なのであり，過去の記憶が現在の個人を勇気づけるために作用する類のものではないということであり，

いずれも孤独に至ることである。

　孤独も個人の存在への問いも，青年期において，いずれも切実な問題として浮上するテーマである。そうしたテーマをいかに乗り越えるかが，心理学的には重要になってくる。ここで描かれたアニメーションでは，乗り越えのあり方の典型が示されているともみることができる。社会問題を見ないように記憶から消してしまうということと心の内面へ浸りこむということである。

13.3 『妻の手紙』

　この作品は2014年の広島国際アニメーションフェスティバルのコンペティション部門で上映されたオーギュスト・ザノヴェッロ監督作品である。

　『妻の手紙』は，人形アニメーションである。人形アニメーションではあるが，その人形が紙でできている。そのために手紙が重要な意味をもつようになっている。

　砲弾の炸裂する戦場を兵士たちが駆け抜ける。あたりには死んだ多くの兵士たちが横たわっている。彼らの身体は，ひどく傷ついている。一人の兵士がやって来て，倒れている兵士の胸のところから手紙を抜き取っていく。看護兵のシモンである。看護兵を呼ぶ声がする。彼は傷ついた仲間に駆け寄り，手紙を持っているかと尋ねる。その手紙を彼のコートの胸のところから取り出し，切り裂いてゆく。それをジッと見ている兵士。と，手紙をしたためている女性の手が映る。妊婦のマドレーヌが手紙を書いている。手紙を丁寧に畳んで胸にしまい，雨が降り出したので洗濯物を取り込もうとすると，強風に煽られた洗濯物が不思議なことにハート形になる。驚いて見ていると，強風のために洗濯バサミから離れ，洗濯物が空へ飛び去ってしまう。

　シモンは手紙を心待ちにしている。郵便配達員が郵便の来たことを知らせる。兵士たちが集まり次々と手紙を受け取る。受け取り手のない手紙はシモンに渡されるが，肝心の彼宛の手紙はない。戦友のギャレは手紙を受け取っていたが，期待した内容ではないらしく顔をしかめる。シモンは胸にしまってあったマドレーヌの手紙を取り出し，同封されていた写真を見ながら読み始める。何度も

読んだのであろう．戦場を駆け抜ける彼の胸には，手紙の言葉が蘇る．バラバラになった兵士の身体を治療する彼の行為に対し，心を失くさないようにと願っている内容である．その手紙の内容通りに，シモンは身体がひどく傷ついた兵士に駆け寄る．手紙を持っているかと尋ねると，持っていないとの返事．シモンは，バッグに収めた受取人のない手紙を取り出し，それをちぎり，傷口に貼り付けてゆく．手紙が外科手術の糸の役割を担い，傷口を貼り付けるのに使われる．手紙を貼り付け，治療したその手をシモンは眺める．また一人の傷ついた兵士がよろよろと歩いてきて，倒れ伏す．駆け寄ったシモンが手を差し伸べる．

差し伸べたシモンの手をつかんだのはマドレーヌであった．マドレーヌに会ったときを回想しているのである．彼女と出かけた花咲き乱れる木の根もとで，シモンは嫌がるマドレーヌに強引に迫った．シモンはマドレーヌに手紙を書く．許しがたい振る舞いをしてしまったことを悔いながら，愛していることを伝え，手紙を待ち望んでいることを熱く語る．シモンが待っているのはマドレーヌの手紙である．しかし彼女の返事はない．

毒ガスの攻撃がある．防毒マスクを着けるようにアナウンスがあるが，塹壕ではギャレが呆けている．ギャレは，愛していた娘シドニーの死を知らせる妻の手紙を読んで絶望していたのである．自棄になった彼が塹壕を出ようとした瞬間，彼は砲撃を受け，重傷を負う．彼は，亡くなった娘の幻影を見て，その膝にすがりつく．シモンが彼を現実に引き戻し，治療を開始する．彼の傷は重傷で，手紙をいくらちぎって貼り付けようとしても，貼り付けた傍から破れ飛び散ってしまう．胸を見ると，大きく開いており，心臓の拍動するのが見える．バッグの中の手紙をすべて使い切ってしまったシモンは，コートの胸に大切にしまっていたマドレーヌの手紙を取り出す．シモンはそれを切り裂き，ギャレの傷ついた胸に貼り付ける．その頃，マドレーヌは赤ん坊を出産しようとしていた．赤ん坊の誕生と共に，彼女は死ぬ．手には手紙が握られていた．このとき，シモンの目の前でギャレの心臓が止まる．シモンは目に涙を浮かべる．

雨に降られたシモンは塹壕で手紙を受け取る．私信ではなく，公式の封筒であった．手紙を破ってみると，中からマドレーヌが死の床で握っていた手紙が

第 13 章 「現実の生きにくさ」——記憶の扱い

出てきた。読みだすシモン。手紙の中でマドレーヌは複雑な心境を語る。シモンが，戦争が終わったら結婚したいと手紙に書いていたことに対し，それはよいことだと。というのも彼の子どもを妊娠しているからと。しかし正直に言うと，許しがたい彼の行いに会いたくはないと思ったこともあり，死ねばいいと思ったこともあった，とも書かれていた。だが，それに続いて，あなたの妻になりたい，生命に向かい合わなければならない，とも書かれていた。こうした手紙がマドレーヌの声で読みあげられる中，画面には水たまりが映り，そこに兵士の人形を手にした少年が映る。そこへシモンがやってくる。戦争が終わったのである。少年は倒れ膝を擦りむいてしまう。シモンは腕まくりをし，そこに貼り付けられていた手紙の切れ端を剥がし，少年の名前を尋ねながら，彼の膝の傷に貼り付ける。それはマドレーヌの名前が書かれた断片で，人生に立ち向かうとのメッセージが書かれていた部分であった。少年は，マドレーヌの忘れ形見であり，シモンの成長した息子であった。

　以上のように，『妻の手紙』は戦争を紙の人形を使用して描いた作品で，手紙が重要な役割を担い，ちぎられた手紙が傷を縫合する糸の役割を果たす。その手紙には，戦場の夫や息子の安全を願う妻や母の切実な願いを込めた言葉に満ちている。シモンが手紙の断片を貼り付けるときに，その言葉の断片が，音声化される。一刻も早く傷を治さなければならない緊急性を示すように，非常な早口でその言葉の断片が発せられる。こうした身体の傷を手紙が癒す一方で，手紙が心の支えにもなっている。シモンは，マドレーヌの手紙の内容を，戦場を駆け抜けながら反芻するのである。そして彼女の言葉が血肉化する。人形の無表情な顔の背後に語られる手紙の語りは，シモンの精神そのものと化す。しかし，現実のシモンの手は，再会したマドレーヌに許されざる行いに至る。その行いのために，シモンはマドレーヌの手紙を心待ちしながらも，彼女からの手紙を受け取ることがない。結果的に，マドレーヌの大切な手紙も，戦友の治療のために破いてしまい，それと同期して，マドレーヌは死ぬ。シモンの手が，大切なマドレーヌの手紙を破ることで，象徴的に，彼女を殺したことになる。マドレーヌが死んだとき手紙が手に握られており，それが戦場のシモンのもとに届き，希望をつなぐ言葉が記されている。生命に向き合わなければ，という

言葉は，新たな生命を育む役割を引き受けるということである。ここには死と再生の物語がある。養育を引き受け，親になる決意が語られている。これは成人期に達成すべきテーマである。しかしそれまでに語られているのは，恋人を得ることを語っているのであり，成人期というよりもむしろ青年期のテーマである。

　先に紹介したテレビ版の『永遠の0』は，愛しているという言葉を発しないで，それでいながら妻への愛情を表現し続ける祖父を，現代に生きる孫たちが，生き延びた人たちの思い出から再体験する物語であった。孫の世代が，祖父の世代を思い，そこからいかに人を愛するかを学ぶ。ここには世代間の伝達が描かれているにしても，親の世代を飛び越している。実際『永遠の0』では母親は登場するが父親については語られることがない。親の世代は，子どもにとって語るには生々しすぎるのであろう。特攻で戦死した祖父は，孫とほぼ同年齢で死んでいる。そこで語られるのは，人をいかに愛するかということであり，結婚はしたとしても家庭を築き子どもを育てるというテーマは語られない。その時間的余裕がまったくなかったのである。その愛は，確固たるものであり，揺れることがない。その意味では上記のシモンが直面化した結婚し家庭を築くということと同等なテーマが描かれているにしても，両者の間には大きな違いが存在する。シモンとマドレーヌの間では，愛情を巡り心の大きな葛藤が描かれている。短いアニメーションの時間に，濃密に，許されざる行為と，その行いへの後悔と，マドレーヌに寄せる切実な愛情が語られ，逆にマドレーヌには，手紙を出せぬ心のためらいが，彼女にとってシモンの振る舞いがいかに重いものであったかが暗示される。青年期において，出会った人をいかに愛するかというテーマは，何と重いものであるか。

13.4　身体性の問題

　ここでは韓国の若い女性監督の作品2本とフランスの監督の作品をみてきた。これらの作品のみで現代のアニメーションを代表できるわけではないが，日本のアニメーションと比較してみるときに記憶と向かい合う現代の自我のありか

たの特徴が現れてくる。

　『デフラグ』では，エピソードが断片ごとに描かれているのをみたときに，子どもが精神を病んでいる，あるいは父親が認知症である，さらには人とのかかわりを絶って自閉している，とみることもできる。しかしこうしたエピソードのそれぞれが削除され，自我の受け入れやすい記憶のみが残され，並び替えられたのは先に述べたとおりである。ここで考えてみたいのは，こうした並び替えを指令したのは誰かということである。つまり記憶が貯蔵されているコンピュータの操作者が誰かということである。それは貯蔵された記憶の主体であるとみることができよう。他の誰かであってももちろん構わないが，その身体が描かれない。操作主体が描かれていないのである。

　『椅子の上の男』はどうであろうか。これも同様である。椅子に座っている男とそれを見ている神の目の視点がある。つまり自分が見ている自分と見られている自分に分割され，見ている神の目の視点の存在は身体をもたないように描かれている。ラスト近くで，その神の目の視点の身体を示すように絵を描く手のみが現れる。本作に関し平成26年度文化庁メディア芸術祭受賞作品集のパンフレットの中で「作中の『彼』は『私』が描いたものに過ぎない。では『私』も誰かに作り出されたイメージなのだろうか？」という作者の言葉が紹介されている。ここで語られていることは，描いている自分と描かれているものの関係，そして描いている自分とその自分を作り出した何者かとの関係性である。こうした問いは根源的なものであろうし，パンフレットの紹介者もそれを高く評価している。心理学的にみてみると，この現象は見ている自分と見られている自分の体験の分離としてとらえることができる。そして見ている自分の身体は，神の目の視点で暗示されはするが直接描かれることはない。

　以上のようにみると『デフラグ』と『椅子の上の男』の共通性が明らかになる。それは描かれているものと見ているものが分離し，見ているものの身体性が欠如しているということである。こうした分裂は，自我の曖昧さを暗示する。この特徴は，精神科医のレイン（1971）の『引き裂かれた自己』に示されている分裂病質，現在の用語でいう統合失調病質の特徴に相当する。レインは，統合失調病質の特徴として，身体と心の間に分裂が生じ，本来自身の身体である

13.4 身体性の問題

体験が脆弱になり，自分のものとして感じられなくなり，その結果，身体を媒介とした外界との関わりができなくなると説く。『デフラグ』と『椅子の上の男』では，外界とかかわるべき身体性が，描かれていないのである。つまり統合失調病質の特徴がアニメーション化されたことになる。身体性の喪失が，現在のアニメーションの一つの特徴なのであり，現在において身体感覚の体験的な貧困化が起こっていることの現れでもあろう。

これに対し『妻の手紙』では，激しい戦闘場面であるので，それから心理的な距離を取り，体験している自分とそれを見ている自分の分離が起こってもよさそうであるが，それは起こらない。むしろ女性からの手紙が，こころの支えとなる。そして手紙が届かない彼女の心理を慮り，自身の過去の許しがたい振る舞いを反省する。過去の身体的な体験が，自身のものとしてしっかりと受け入れられるようになる。自己の体験の中核に，自己の身体性がしっかりと根差される。それは彼女の死後に受け取った手紙が，小さく刻まれ，自身の身体に貼り付けられていることにも明らかにされる。体験の主体としての身体は，恋人の言葉を自身のものとして血肉化する。そうした自身の身体と化した恋人の手紙を剥がして息子の足の傷に貼り付けるのであり，子どもに恋人の言葉が受け継がれる。つまり自我ははっきりと自身の身体と一致している。レインの描く統合失調病質の特徴とは逆の特徴を備えていた。他者（子ども）との関係を新たに築いてゆくためには，確固とした身体性が確立されている必要があった，ということである。

ここで再度『永遠の0』に触れたい。『永遠の0』の主人公宮部久蔵は，『妻の手紙』のシモンと同様にもともとは心身に乖離はなく，妻のもとへ帰るという強い意志をもち，それを達成するために身体を鍛えることに怠りない。その彼が，一度再会した妻に，たとえ死んでも，生まれ変わってでも帰ってくると約束する。そうした彼が，教え子たちが特攻で死んでゆくのを見続け，彼らこそが日本の将来を担って生き残るべきで，自分は彼らの身代わりになるべきだと思い詰める。そして彼が特攻に行くときに，自分の零戦の不具合に気づき，生き残るチャンスがあることに思い至るが，彼はあえて自身の零戦を教え子の一人に譲り渡してしまう。その若者に妻を守ることを託して。思いを託された

若者は，戦後宮部の妻を探し出し，宮部になり替わって世話をする。宮部の妻は，生まれ変わっても帰ってくるといった宮部の約束が，この若者の姿の中に，果たされたと実感する。こうした心が伝わる物語は感動的である。しかし臨床心理学的に宮部の心身の状態をみたときに，レインのあげている統合失調病質の状態が現れてきているとみることができる。なぜなら，宮部は，心身が乖離し，身体は滅ぶが，心は伝わり生き残ると考える。韓国アニメーションでは，上記のように，見ている身体が示されないといった身体性の不在が示され，それとは異なるが，身体が滅んでも心が伝わるという宮部の確信には，やはり身体性の不在があるとみることができる。現象的には，教え子たちが特攻で死んでゆくのを目にしたことで，反応的に，統合失調病質の示す状態と類似の状態に宮部が落ち込んでいたとみなすことができるのである。

※花コリ2015東京会場レポートファンボ・セビョル監督トーク録
　（http://anikr.blog.fc2.com/blog-entry-236.html）

終　　章

　これまで日本のアニメーションや漫画を中心に題材として選び，臨床心理学的に読み解いてきた。その結果明らかになったのは，ライフサイクル的テーマが選ばれることが多く，発達課題にしたがったテーマが選ばれやすいということであった。その際に，分身や影との関係が問われ，過去への囚われも好んで描かれた。精神的な問題も扱われるが，その状態から脱するためにカウンセリング的な役割をもつ者の存在が重要であった。こころの深層への沈潜や，神話伝説への回帰もあった。こうしてみると映像メディアは臨床心理学的テーマの宝庫であることがわかる。

　ライフサイクル的テーマとしては，青年期から成人期へ至るアイデンティティの混乱（『パーフェクトブルー』），中年期危機（『花折り』『マイブリッジの糸』），老年期に至るアイデンティティの問い直し（『西遊妖猿伝　西域編』）などがあり，いずれも停滞していたものが動き出すといった変化を示している。停滞は，精神的な混乱状態であり，それを脱することで心理的な成長が遂げられる。つまり成長することを描くためには，そうした変化の時期が選ばれやすいということでもあり，また逆に言えば視聴者や読者が期待するのがそうした成長物語であるということでもあろう。こころの問題をかかえた人が，こうしたメディアに助けられるということがあるのも，扱われているテーマが，まさに自分自身の問題であったりするからであろう。ある統合失調症の患者は，死者が蘇るという妄想を語るが，『NARUTO-ナルト-』で描かれる穢土転生という死者を蘇らせる術を，自分の体験の例として使っていた。

　ライフサイクル的テーマを描く方法として，影や分身が使われるのは，アイデンティティの混乱を視覚的に示しやすいということがあろう。もう一人の自分に出会うほど，こころが混乱しているということである。『パーフェクトブルー』で描かれていたのはそうした事態であった。しかし分身が登場するにしても，主人公にとってはどうもそれほど驚愕的な出来事ではないらしい。というのも，死と隣合せといった印象が少ないからである。『影の街』のように，

少年の体験する巨大な影が自身の顔をもっていたというような恐怖体験があることはあるとしても，である。というのも，主人公が作家の分身であるといった説明をされることがあるからでもあろう。『ちびまる子ちゃん』のまる子が作者の分身であり，アトムが手塚治虫の分身であったように。こうした分身が人気を得ると，上記のような成長はテーマになりにくくなってくる。同じ年齢に留まり，またアトムのように2，3年周期でサイズがもとのものに戻る。つまり停滞がおこる。その際には最初にもっていた，たとえば，まる子の下ネタのようなリアルな体験が薄められる。結果的に，『サザエさん』のように普遍的な家族が誕生する。こうなってくると停滞というよりは，理想的な家族，というもののイメージに至る。家族の席順が決まり，家族の構造が明確に維持される。安定した構造の中で，すべての登場人物が，学校の友だちも含め，お互いがお互いのこころを読みあって，読み解いたこころの状態に配慮した行動をする。こころの混乱など，あり得なくなる。もともとの『サザエさん』の漫画ではこころの混乱は，切実なものとして描かれてはいたのであったが，まったく存在しないかのようになってしまった。誰もが体験する自身の受け入れがたい体験（たとえば，まる子の下ネタに関連した失敗談）を，外在化し笑いの種にしていたのであったが，そうした影の部分が，描きつくされることで，清算され，長期作品化されると，そうした影の部分がもとからなかったかのようになってしまう。ここには作者自身が，作品を通して，自身のこころを清算しているということがあるのであろうし，作品を描くということが，芸術療法的な意味合いをもつようになってくるのであろう。作者の描くものを読者がどのように受け止めたかという反応が，あたかもクライエントとセラピストの関係のように，作者のこころに反射され，影の部分が自身に受け入れられるようになってくる。こうした過程を想像させてくれるのが，高畑作品である。

　高畑作品では，過去を振り返り，思い出されにくかった過去のわだかまりを思い出し，それを自身のものとして受け入れることで，現在の自分を受容するといったように描かれていた。『おもひでぽろぽろ』のタエ子がその例であった。逆に，過去を受け入れられなかった『火垂るの墓』の清太は餓死してしまった。過去を受容し，現在につながるものとして受け入れることが，こころの

健康のためには重要なことであった。こうした過程を,「まる子ちゃん」を描きながら,作者が,経過したということかもしれないのである。したがって,まる子の下ネタは,描かれる必要性がなくなった。言い換えれば,カウンセリング過程において,受け入れられなかった過去を,受け入れられるようになるといった過程が,漫画やアニメーションにおいて,作者の体験として生に近いものとして提示されているがために,類似の体験をもつ読者に共感されやすく,また作者のこころの問題の解消と同期して,読者もほぼ同じ体験ができる。こうした点が,読者の共感を呼び寄せ,ヒットするというのが,その理由の一つであろう。

　それはたとえば『NARUTO-ナルト-』の主人公が,当初は腕白坊主であったが,仲間をたくさん作るようになる。成長し,孤児であったナルトが,記憶の中で両親に出会うようになる。それは作者が結婚し,家族をもち,子どもができて,家族を意識するようになったことも大きく影響していよう。子どもをもった作者が,親がいないナルトをかわいそうに思う,ということである(逆に,親を失った喪失感ゆえに,妖怪という目に見えないはずの存在に出会ってしまうことが『ももへの手紙』に描かれていた。それほど家族の喪失は,個人に甚大な影響を与える)。作者のライフサイクル的テーマが,登場人物のそれに同期してくるのである。それと同時にナルトが戦う敵のこころを動かしてゆくようになる。戦って倒すだけでは解決にならない。むしろ戦う相手のこころの闇を,明るく照らしてやればよい。そのときに起こってくることが,彼らのこころの中の過去の記憶に触れさせ,その記憶と現在をうまく結びつけるという方略である。それは高畑作品に見られていたテーマと同じである。こころの問題の回復には,過去の忘れられた記憶を思い出し,その記憶を現在につなげればよい(ここには精神分析の影響があろう)。忘れていたにしても,過去の記憶はそれほど信頼に足るものであった。つまりナルトの役割は,戦う相手の闇を照らす光であり,明るい希望をもった過去があったことを悟らせるカウンセラー役であった(ただ通常のカウンセリングでは,過去の感情体験のもつれをほぐすのがその作業の主なものになるのであろうから,悟るのに大変な時間がかかることになる)。

精神病体験をもつことがあっても『アリーテ姫』のように，料理番のような，カウンセラー役割によってそこから脱することができる。そうしたこころの問題からの脱出過程が，漫画やアニメーションに描かれていた。そうした過程をみることが，読者や視聴者のこころに触れ，ヒットにつながっている，ということもあろう（ただ，『鉄腕アトム』では逆に，お茶の水博士というカウンセラー役割を担わされた登場人物とのかかわりが失われるにつれアトムの精神病体験が顕著になった）。「癒し」が，作品に求められてしまう背景には，癒しをもたらしているというカウンセラー役の存在に，触れるからでもあろう。

　しかし，作品に描かれる世界は，『NARUTO-ナルト-』にみるように神話世界にまで踏み込んでいる。『マイブリッジの糸』では，ノアが登場し，世界が水没するかのような暗示もある。通常こうした神話世界にまで踏み込んだこころの混乱は，精神病体験である。『アリーテ姫』のように無為無動の状態になってしまう。体験世界が，あまりに圧倒的であるがために，動けなくなってしまったりする。そうした精神病体験を分析したユングが辿り着いたのが，精神病世界と神話伝説世界の類似であり，集合無意識の考えであった。神話的世界を描く漫画やアニメーションは，そうした精神病世界に接近していることになる。そこにある考えは，こころを層構造化するということである。表層構造の背後に深層構造があるというものであり，こころの奥底には神話伝説世界に通じる道があると考える。諸星大二郎の漫画世界にも，類似の考えが描かれている。こうした神話伝説世界に触れることが，作り手の創造の発露につながっている。集合無意識の，健康的な発露である。ここにも作品が，カウンセリング役割を担う根源があるのであろう。

　本書で取り上げられた日本の作品では影や分身が描かれていたということは，自我は1つで，それ以外にはあり得ないと確信するほど強固ではないということを示している。分身が現れても驚かず，むしろそれと関係を結ぶことが自身の成長の契機になっている。しかし他国の作品を見ると，たとえば，本書で紹介した韓国の作品では，主体が眺めているという観念はあっても，主体が実体的ではなかった。主体と客体が分離しているかのようであるが，その主体は描かれない。ただ見ている。あるいはフランスの作品では，身体がバラバラにさ

れても，妻や恋人の手紙が，バラバラになった体をつなぎとめ修復する役割を果たしていた。治療される身体がそこにあり，治療に使われるのが，手紙であり，治療の効果を発揮するのが，そこに綴られた言葉であり，手紙の送り手の手紙に込めた思いである。手紙の言葉が，受け手の身体に血肉化される。主体はあくまで主体であり，戦場という困難な場におかれても，心身が分離することはない。つまり日本の作品のように，影や分身に出会って，成長が促されるということはなく，ただそこにあることを示すための視点があり，あるいは他者の言葉を同化する主体がある。こうした対比から明らかになることは，日本の作品では，確固とした主体をもたず，影あるいは分身をもつということである。どうもそのほうが，居心地がよいのであろう。確固とした自己が求められ，アイデンティティの確立が青年期の課題として心理学で語り続けられているが，漫画やアニメーションでは，アイデンティティは曖昧なままでよいのでは，と描き続けていることになる。曖昧なアイデンティティのままにいることに，それほどの違和感がないのかもしれない。

　風景構成法や統合HTP法といった描画法があり，こうした描画法によって統合失調症患者に描画を求めると全体が1つに統合されず，それぞれの描くべき要素が孤立し断片的に描かれることが多い（横田，1994）。全体を統合できないのが一つの特徴とされてきた。しかし，描画研究は，最近では，一般的に統合的な描画を描けなくなっているということを教える（三沢，2002）。断片的な絵は，統合する視点を設定できないという障害であると考え，統合失調症のそうした障害が統一視点の設定困難として概念化された（横田，1994）。しかし現代ではそうした障害が，むしろ常態化しているということなのであろう。統一的視点が保てるということは，安定した身体性に支えられ，自我が確立しているということになるとは思うが，現在の人たちでは，自我が確立しないままの，断片化を残したままの，アイデンティティの不安定な状態が常態であるということを暗示しているのかもしれないのである。神話的世界や，アイデンティティの混乱状態を示す世界に，共感を寄せる人が多いらしいのは，そうしたアイデンティティが不安定な状態の常態化が起こっているためかもしれない。

引用文献

第1章
河合隼雄（1987）．影の現象学　講談社学術文庫　講談社
Maslow, A. H. (1968). *Toward a psychology of being*. 2nd ed. Van Nostrand Reinhold.
　（マスロー，A. H.　上田吉一（訳）（1998）．完全なる人間［第2版］――魂のめざすもの――　誠信書房）
横田正夫（2006）．アニメーションの臨床心理学　誠信書房

第2章
さくらももこ（1996）．あのころ　集英社
横田正夫（1996）．創造する――被服と芸術行動――　中島義明・神山　進（編）まとう――被服行動の心理学――　朝倉書店　pp. 100-118.
横田正夫・依田しなえ・町山幸輝（1989）．慢性精神分裂病患者における病棟内のくつろぎ場所　精神医学，**31**（8），815-821．

第3章
岡本祐子（2007）．アイデンティティ生涯発達論の展開――中年期の危機と心の深化――　ミネルヴァ書房
Rogers, C. R. (1980). *A way of being*. Mariner Books.
　（ロジャーズ，C. R.　畠瀬直子（監訳）（1984）．人間尊重の心理学――わが人生と思想を語る――　創元社）
高畑　勲・百瀬義行（1991）．おもひでぽろぽろ絵コンテ集　徳間書店
横田正夫（1996）．アニメーション「おもひでぽろぽろ」にみられる恋愛表現　学叢，**57**，9-14．

第4章
神田橋條治（1994）．追補　精神科診断面接のコツ　岩崎学術出版社
河合隼雄（1987）．影の現象学　講談社学術文庫　講談社
Maslow, A. H. (1968). *Toward a psychology of being*. 2nd ed. Van Nostrand Reinhold.
　（マスロー，A. H.　上田吉一（訳）（1998）．完全なる人間［第2版］――魂のめざすもの――　誠信書房）
高畑　勲（1991）．映画を作りながら考えたこと　徳間書店
横田正夫（2006）．アニメーションの臨床心理学　誠信書房

第5章

Burnell, G. M., & Burnell, A. L.（1989）．*Clinical management of bereavement : A handbook for healthcare professionals*. Human Sciences Press.
　（バーネル，G. M.・バーネル，A. L.　長谷川　浩・川野雅資（監訳）長谷川　浩・川野雅資・李　節子・近藤啓子・川野良子・野副美樹（訳）（1994）．死別の悲しみの臨床　医学書院）

Conrad, K.（1963）．*Die beginnende Schizophrenie : Versuch einer Gestaltsanalyse des Wahns*. Springer.
　（コンラート，K.　吉永五郎（訳）（1973）．精神分裂病――その発動過程――妄想のゲシュタルト分析試論　医学書院）

北山　修（2005）．共視母子像からの問いかけ　北山　修（編）共視論――母子像の心理学――　講談社　pp. 7-46.

Kroger, J.（2000）．*Identity development : Adolescence through adulthood*. Sage.
　（クロガー，J.　榎本博明（編訳）（2005）．アイデンティティの発達――青年期から成人期――　北大路書房）

夏目　誠・村田　弘（1993）．ライフイベント法とストレス度測定　公衆衛生研究，**42**（3），402-412.

横田正夫（2006）．アニメーションの臨床心理学　誠信書房

第6章

笠原　嘉（1998）．精神病　岩波新書　岩波書店

第7章

濱田秀伯（2002）．精神病理学臨床講義　弘文堂

中野晴行（1995）．〈オサムとアトム〉序説　文藝別冊　総特集　手塚治虫　河出書房新社　pp. 210-215.

野口文雄（2002）．手塚治虫の奇妙な資料　実業之日本社

小野卓司（2008）．描きかえられた『鉄腕アトム』　NTT出版

桜井哲夫（1990）．手塚治虫――時代と切り結ぶ表現者――　講談社現代新書　講談社

竹内オサム（1992）．手塚治虫論　平凡社

手塚治虫（2002）．鉄腕アトムについて　手塚治虫　鉄腕アトム1　講談社漫画文庫　講談社　pp. 389-393.

手塚治虫（2008）．手塚治虫ぼくのマンガ道　新日本出版社

横田正夫（1996）．創造する――被服と芸術行動――　中島義明・神山　進（編）まとう――被服行動の心理学――　朝倉書店　pp. 100-118.

米沢嘉博（2007）．手塚治虫マンガ論　河出書房新社

第8章
アニメ　サザエさん　公式大図鑑　サザエでございま～す！（2011）．扶桑社

第9章
伊達勇登（2013）．伊達勇登監督インタビュー　ROAD TO NINNJA-NARUTO THE MOVIE- DVD ブックレット　pp. 12-13.

河合隼雄（1987）．影の現象学　講談社学術文庫　講談社

河合隼雄（1995）．日本人とアイデンティティ——心理療法家の着想——　講談社

坂本真士・芳賀道匡・高野慶輔・西河正行（2013）．学生のソーシャル・キャピタルを高めるための大学の取り組み——大学教員への質問紙調査——　日本大学文理学部人文科学研究所研究紀要, **86**, 151-171.

第10章
川本喜八郎（2015）．チェコ手紙 & チェコ日記——人形アニメーションへの旅/魂をもとめて——　作品社

横田正夫（2001）．苦と悟りのアニメーション作家・川本喜八郎　日本大学文理学部人文科学研究所研究紀要, **62**, 145-161.

Yokota, M.（2003）. The Japanese puppet animation master: Kihachiro Kawamoto. *Asian Cinema*, **14**（1）, 28-44.

横田正夫（2006）．アニメーションの臨床心理学　誠信書房

第11章
Adam, H. C.（2010）. Muybridge and motion photograpy. In H. C. Adam（Ed.）, *Eadweard Muybridge: The human and animal locomotion photographs*. Köln: Taschen. pp. 6-21.

Clegg, B.（2007）. *The man who stopped time: The illuminating story of Eadweard Muybridge: Pioneer photographer, father of the motion picture, murderer*. Washington, D. C.: Joseph Henry Press.

Solnit, R.（2003）. *River of shadows: Eadweard Muybridge and the technological wild west*. New York: Penguin Books.

山村浩二（2011）．山村浩二『マイブリッジの糸』を語る（日本アニメーション学会インタビュー研究会での講演　2011 年 8 月 23 日　武蔵野美術大学新宿サテライト教室）

第12章
Jung, C. G.（1933）. *Die Beziehungen zwischen dem Ich und dem Unbewuβten*.
　（ユング, C. G.　野田　倬（訳）（1982）．自我と無意識の関係　人文書院）

河合隼雄（1987）．影の現象学　講談社学術文庫　講談社

横田正夫（2006）．アニメーションの臨床心理学　誠信書房
横田正夫（2008）．アニメーションとライフサイクルの心理学　臨川書店

第13章

Laing, R. D. (1965). *The divided self : An existential study in sanity and madness.* Penguin Books.
　（レイン，R. D.　阪本健二・志貴春彦・笠原　嘉（訳）（1971）．ひき裂かれた自己――分裂病と分裂病質の実存的研究――　みすず書房）

終　章

三沢直子（2002）．描画テストに表れた子どもの心の危機――S-HTPにおける1981年と1997~99年の比較――　誠信書房
横田正夫（1994）．精神分裂病患者の空間認知　心理学モノグラフ，**22**，日本心理学会

横田正夫（よこたまさお）（医学博士，博士（心理学））日本大学教授。日本大学芸術学部映画学科卒業後，同大学大学院文学研究科で心理学を専攻する。大学院博士後期課程満期退学後，群馬大学医学部精神医学教室に勤務。統合失調症の認知障害の研究を行う。平成3年に日本大学文理学部心理学科に専任講師として就職，平成12年から現職。著書に『精神分裂病患者の空間認知』『アニメーションの臨床心理学』『アニメーションとライフサイクルの心理学』『日韓アニメーションの心理分析──出会い・交わり・閉じこもり──』などがある。

テキストライブラリ 心理学のポテンシャル=別巻1
メディアから読み解く臨床心理学
──漫画・アニメを愛し，健康なこころを育む──

2016年3月10日 © 　　　初 版 発 行

著　者　横田正夫　　　発行者　森平敏孝
　　　　　　　　　　　印刷者　山岡景仁
　　　　　　　　　　　製本者　小高祥弘

発行所　株式会社　サイエンス社
〒151-0051　東京都渋谷区千駄ヶ谷1丁目3番25号
営業　☎(03)5474-8500（代）　振替00170-7-2387
編集　☎(03)5474-8700（代）
FAX　☎(03)5474-8900

　　　印刷　三美印刷　　製本　小高製本工業

《検印省略》

本書の内容を無断で複写複製することは，著作者および出版者の権利を侵害することがありますので，その場合にはあらかじめ小社あて許諾をお求めください。

ISBN978-4-7819-1376-6
PRINTED IN JAPAN

サイエンス社のホームページのご案内
http://www.saiensu.co.jp
ご意見・ご要望は
jinbun@saiensu.co.jp まで。